红岩魂 光明颂

国家电网红岩共产党员服务队
成立十周年辑录

国网重庆市电力公司 编

重庆出版集团 重庆出版社

图书在版编目(CIP)数据

红岩魂　光明颂:国家电网红岩共产党员服务队成立十周年辑录 / 国网重庆市电力公司编. —重庆:重庆出版社, 2021.11
ISBN 978-7-229-16121-7

Ⅰ. ①红… Ⅱ. ①国… Ⅲ. ①中国共产党—电力工业—工业企业—基层组织—工作—先进事迹—重庆 Ⅳ. ①D267.1

中国版本图书馆CIP数据核字(2021)第213246号

红岩魂　光明颂
——国家电网红岩共产党员服务队成立十周年辑录
HONGYAN HUN　GUANGMING SONG
——GUOJIA DIANWANG HONGYAN GONGCHANDANGYUAN FUWUDUI CHENGLI SHI ZHOUNIAN JILU
国网重庆市电力公司　编

责任编辑:李　茜
责任校对:李小君
装帧设计:李南江

重庆出版集团
重庆出版社　出版
重庆市南岸区南滨路162号1幢　邮编:400061　http://www.cqph.com
重庆出版社艺术设计有限公司制版
重庆奥博印务有限公司印刷
重庆出版集团图书发行有限公司发行
E-MAIL:fxchu@cqph.com　邮购电话:023-61520646
全国新华书店经销

开本:889mm×1194mm　1/16　印张:6.75　字数:180千
2021年11月第1版　2021年11月第1次印刷
ISBN 978-7-229-16121-7
定价:48.00元

如有印装质量问题,请向本集团图书发行有限公司调换:023-61520678

红岩精神·电力传承

重庆是一块英雄的土地，有着光荣的革命传统。毛泽东同志在这里进行了决定中国前途命运的重庆谈判，周恩来同志领导中共中央南方局在这里同反动势力展开了坚决斗争，邓小平同志在这里领导中共中央西南局进行了大量开创性工作……解放战争时期，众多被关押在渣滓洞、白公馆的中国共产党人，经受住种种酷刑折磨，不折不挠、宁死不屈，为中国人民解放事业献出了宝贵生命，凝结成“红岩精神”。重庆要运用这些红色资源，教育引导广大党员、干部坚定理想信仰，养成浩然正气，增强“四个意识”、坚定“四个自信”、做到“两个维护”，始终在政治立场、政治方向、政治原则、政治道路上同党中央保持高度一致。

——2019年4月17日习近平总书记在重庆考察工作结束时的讲话

序言

打造“国家电网红岩共产党员服务队”金色名片 让党的旗帜在为民服务一线高高飘扬

文图 / 中共国网重庆市电力公司委员会

在庆祝中国共产党百年华诞的重大时刻，在全党集中开展党史学习教育之际，习近平总书记深情回顾了党的光荣传统和优良作风，强调“大力发扬红色传统、传承红色基因，赓续共产党人精神血脉”。红岩精神是重庆党史文化的重要组成部分，是中国共产党人和中华民族的宝贵精神财富。新征程上，国网重庆市电力公司把红岩精神作为党史学习教育的生动教材，把国家电网红岩共产党员服务队建设作为传承红岩精神、加强基层党建工作的特色实践，作为履行央企“三大责任”、提升服务水平的有效载体，让党的旗帜在为民服务一线高高飘扬。

“在东方的地平线上，渐渐透出一抹红光，闪烁在碧绿的嘉陵江上。”[①] 在抗日战争和解放战争时期，共产党人在重庆高举抗战旗帜，用生命和鲜血凝结成红岩精神。在党的领导下，重庆电力人 1937 年组建“怒吼剧社”，宣传抗日救亡，解放前夕发动工人运动保卫大溪沟电厂，在渣滓洞、白公馆，许建业、刘德惠、何敬平等电力先辈为人民解放和民族独立献出宝贵生命。不忘初心，方得始终，国网重庆市电力公司秉承“红岩精神·电力传承”的主旨，把红岩精神内嵌于服务队的建设中，编制《重庆红色文化图谱》，发起“迎电力英烈回家”，发动“万名党员讲党史”，共建“红

①罗广斌，杨益言：《红岩》，中国青年出版社 2017 年版。

岩联线”党性教育基地……通过全方位的教育培养，让红岩精神成为服务队的信仰力量。

从“传播”到“传承”，精神的财富穿越时空，伟大的事业薪火相传。红岩服务队将红岩精神所蕴含的崇高思想境界、坚定理想信念、浩然革命正气、巨大人格力量立于高远、见于平凡，将红岩精神包含的爱国、奋斗、团结、奉献等品质见诸行动，始终坚持“以人民为中心”的发展思想，围绕“五个服务”行千里、致广大，以“有呼必应、有难必帮”服务承诺诠释党的根本宗旨，将党的温暖持续传递到群众心中，成为服务人民美好生活的一道鲜红亮色。红岩服务队紧扣重庆“两点”定位、“两地”“两高”目标和成渝地区双城经济圈建设，适度超前建设电网，优化电力营商环境，助力脱贫攻坚和乡村振兴，实施“碳达峰、碳中和”国网行动，奋力做好电力先行官，用心架起党群连心桥。特别是在抗疫保电、抗洪抢险等急难险重任务中，用实际行动在服务经济社会中树起先锋旗帜，矢志成为“近者悦、远者来”美好城市的建设者、维护者、展示者。

红岩铸魂齐奋进，一片丹心向阳开。国家电网红岩共产党员服务队以实际行动把肩上的深深责任、心中的执着信念书写在重庆大地，铭刻在群众心间，塑造新时代人民心中的红岩形象，以代代相传的红色基因凝聚干事创业磅礴力量，坚定地走向全面建设社会主义现代化国家、实现中华民族伟大复兴的光明未来，让红岩精神的熊熊火光在为民服务实践中焕发时代光芒！

目录

序言

第一章·初心铭记

第二章·使命扛肩

第三章·责任在心

第四章·担当于行

附录

后记

第一章 · 初心铭记

重庆母城里最亮的那抹『红』

——国家电网红岩（市区）共产党员服务队助力区域经济纪实

『红岩联建』显智慧，乡村振兴『晒』幸福

——国家电网红岩（合川）共产党员服务队助推乡村振兴纪实

赋能两地春潮涌，绘出川渝同心圆

——国家电网红岩（潼南）共产党员服务队广潼线改造工程纪实

有电就有光，有光就有希望

——国家电网红岩（石柱）共产党员服务队助力脱贫攻坚纪实

在雪域云端的日子里

——国家电网红岩（送变电）共产党员服务队建设阿里联网工程纪实

第一章·初心铭记

党中央一声号令，电力动若风发！“两点”定位、“两地”“两高”目标，这是习近平总书记对重庆发展做出的重要指示；决战决胜脱贫攻坚，为中国人民谋幸福，为中华民族谋复兴，这是中国共产党践行初心使命吹响的时代号角；推进成渝地区双城经济圈建设，这是“十四五”规划中“优化国土空间布局、推进区域协调发展和新型城镇化”的一项重要举措……党中央重大决策部署到哪里，红岩服务队就跟进到哪里。

在城市核心区域、在偏远山村深处、在雪域高原之巅，在成渝地区重要建设项目中，一面面鲜艳的红岩服务队队旗迎风招展，队员们走大街、穿小巷、进农村、跨江河、越高山，担当起了战略落地的先锋力量。

重庆母城里最亮的那抹“红”

——国家电网红岩（市区）共产党员服务队助力区域经济纪实

文图／国网重庆市区供电公司①

“洪崖洞、吊脚楼，山外青山楼外楼，电力叔叔是‘网红’，为我点亮红灯笼！”2021年正月十五，重庆市渝中区洪崖洞景区里，灯火璀璨、人流如织。在一辆黄色应急发电车前，一位小女孩唱着即兴改编的童谣，为值守在此的国家电网红岩（市区）共产党员服务队送上了特别的元宵节礼物。

渝中半岛是重庆母城，是重庆市历史、政治、经济、文化中心。夜幕降临，华灯齐放，两江交汇、高楼林立的半岛立体而梦幻，宛如奇幻之镇，成为游客必到的“打卡”之地。为守护这璀璨的灯火，穿着红马甲的服务队队员的身影，成为最亮的那抹“红”，默默地为这座流光溢彩的城市渲染着色。

有呼必应，护航重特大保电任务

2020年9月，经历了疫情和洪峰过境封闭的洪崖洞景区即将迎来中秋国庆假期，重新接待来自全国的游客。为保障节日期间安全可靠供电，国家电网红岩（市区）共产党员服务队已经提早完成了部署安排，精心编制了《国网重庆市区供电公司国庆供电保障方案》，对辖区内重要线路、电缆沟道开展巡视检查、红外线测温、隐患排查治理等工作，根据各景区、重要商圈、交通枢纽等重点场所和人流密集场所电力布局和用电负荷特点，制定了相应的服务保障措施。

10月3日，渝中区“解放碑—洪崖洞—千厮门”沿线游客量达到峰值，用电负荷陡增。晚上7点，一阵急促的电话铃声在服务队值班室响起。洪崖洞景区物业经理石平焦急的话语传来：“我们的专用配电房设备因超负荷运行发热，存在巨大的安全隐患，如果一旦停电，这么多游客在景区内，会有大麻烦。”接到求援电话后，队长杨云飞立即集结应急保电队伍出发。

尽管情况紧急，但杨云飞并没有出现一丝慌乱，他想到，此时此刻景区沿线聚集了十万余名游客，车辆想快速进入根本不现实。于是，他第一时间启动服务队应急指挥联动平台，通过渝中区经信委、应急办、交巡警，为应急发电车紧急开道，快速到达景区，为隐患排查争取了时间。服务队第一时间指导景区落实

① “国网重庆市区供电公司”为国网重庆市电力公司市区供电分公司的简称。本书21篇服务案例的作者均为国网重庆市电力公司的下级公司，均采用简称。

◆ 2020 年 9 月 23 日，红岩（市区）服务队节前对洪崖洞景区内的 560 家商铺开展隐患排查治理

应急电源等应急保障措施，安排队员 24 小时值守，用红外测温仪实时监控负荷情况，解决了景区用电的后顾之忧。

“你们来得太及时啦，感谢你们对景区的支持，这让我们和游客都很放心。”石平连声称赞道。

“随着渝中区知名度提升和旅游资源愈加丰富，来此的游客越来越多。洪崖洞、来福士等景点是我们重点监测和服务的区域。”杨云飞介绍道，服务队坚持常态化密切监视电网设备运行状态，落实电网保电预案和应急处理方案，重点时段安排专人对景点的配电设备、线路进行流动巡视。

“面对重特大保电任务，服务队总是站得出来、冲得出去。”市区供电公司相关负责人欣慰表示。仅 2020 年，服务队累计完成重特大保电任务 56 次，出动保电人员 207 人次，车辆 136 台次，严谨的工作作风和热情的服务态度获得了政府和客户的真诚点赞，队员们身穿着红马甲出动应急保电的英姿，已经成为繁华都市里亮丽的风景线。

决策落地，迎难而上完成岸电建设

“您知道吗？来福士广场下面的 5 号码头、11 号码头船身后的‘黑色尾巴’不见了，巨大的轰鸣声和难闻的气味也消失了……又可以下去看看江水啦！”

为全面贯彻落实党中央“四个革命、一个合作”的能源安全新战略和推动长江经济带发展的重要指示，国家电网公司大力推进港口岸电建设，保护我们的长江母亲河。

因为是新项目，建设之初并非一帆风顺，遭到码头管理方以“担心会占用土地资源”为理由的拒绝，被游轮运营方嘲讽为“瞎子戴眼镜，多此一举”。他们认为停泊靠岸用传统的柴油发电机就可以解决问题，不愿改变。

为了消除疑虑，服务队多次邀请政府部门现场会商，对接重庆市交通局等多家政府部门、属地区政府、港口和船舶企业，深化政企合作，开展动态联动。经过坚持不懈的反复沟通，起初的担忧和误解终于得到消除，服务队与岸电项目业主签订了合作框架协议，确保了项目快速推进，保障了工程顺利实施。

◆ 2020 年 8 月 23 日，特大洪峰过境期间红岩（市区）服务队蹲点值守岸电设备，应对洪峰过境

“考虑到朝天门码头枯水期、丰水期水位落差对供电设施的影响，我们设计‘双供电浮趸’的方案，通过 1 号供电浮趸解决了垂直高落差问题，2 号供电浮趸解决了水平长距离问题；采用‘离岸浮动式’供电技术，解决了传统岸基供电电能质量不佳的问题和水位涨跌时的安全问题。”杨云飞说道。岸电建设为停靠船舶提供充足、可靠的电能，有效解决了这期间尾气排放和噪声污染问题。

随着岸电建设的完成，游轮运营方很快就尝到了“甜头”。2020 年疫情期间，“世纪号”游轮被迫长期停靠，接入岸电后每度电可节省 0.38 元，有效降低了用电成本。

2020 年 8 月特大洪峰过境重庆期间，服务队编制《防汛应急预案》，通过“水电联动”机制，与码头业主单位各自发挥所长共同开展水情预警、浮趸排迭、电缆收放等工作，先后启动 9 次港口岸电防汛应急响应，驻点蹲守，成功应对 4 轮洪峰。

2020 年 10 月，服务队将岸电云网后台和现场视频信息接入监控大厅，通过“5G+ 智慧运营”方式实现全天候监控及运营质量的统计分析，为港口岸电智慧运营探索发展方向，得到国家交通运输部岸电低压接插件调研组的充分肯定，并将重庆港口岸电的建设经验面向全国推广。

科技首创，筑牢坚强配网

“大家看，渝中区的负荷密度，比肩东京、浦东。我们要在解放碑商圈建成一流城市配电网，让供电可靠性达到 99.999%，用户年均停电时间在 5 分钟以内。”市区供电公司相关负责人在主城配网无计划停电动员部署会上发出动员令。

为解决解放碑商圈电缆超载老化的问题，公司抓住政府修建解放碑地下环形行车隧道的绝佳时机，修建解放碑环形电缆隧道，以分别出资、联合建设、同步施工的政企合作建设模式，打造了一条 2408 米的电力输送高速通道，优化了解放碑及周边地区供电结构，可满足该地区未来 20 年的用电问题，实现了综合效益最大化。

“要保障渝中区所有重要电源点不停电，配网必须更加坚强，我们要不等不靠，自己创造！”服务队立下誓言。队员们带头攻坚克难，结合供区地貌，把供区重要节点和通道进行划分，启动都市核心区 10 千伏“九宫格”网架创新项目。“重庆火锅的‘九宫格’给了我们极大启发，促成了将城市配网分区而治、建设 3D 立体城市配电网架的思路。”杨云飞兴奋地介绍道。220 千伏大溪沟和顺城街变电站分列渝中半岛南北两端，石板坡、临江门、新民街、朝天门等 110

◆ 守护红色资源，红岩（市区）服务队为红岩革命纪念馆保电

千伏变电站自西向东横向分布，形成4个环型骨干网架，10千伏网格嵌入其间。

不仅如此，“十四五”期间服务队将在渝中区持续打造“简一强一强”电网结构。简化城市中心220千伏布局，不新增220千伏站点；强化110千伏网络互带能力，打通区外两个方向、三个路径的陆路通道，降低渝中完全依靠220千伏跨江通道供电的风险；强化10千伏“九宫格”网架建设，辅以配电自动化技术，实现末端电网故障的秒级自愈。服务队从坚强智能配网、智慧配电物联、移动运检作业等方面实现配电网业务在线化、数据透明化、作业移动化、管控智能化，以营配融合的大数据管理体系为支撑，借助渝中供电服务云管家，实现精准高效的主动抢修，保障渝中半岛不断电。

“经历过雨雪风霜，战胜过烈日骄阳，为了这座城市兴旺，电力儿女斗志昂扬……”当这首《渝中服务队之歌》再次回响在每一位队员的耳边时，他们已经擎着鲜红的党旗，穿上红马甲，集结又出发！

“红岩联建”显智慧，乡村振兴“晒”幸福

——国家电网红岩（合川）共产党员服务队助推乡村振兴纪实

文图 / 国网重庆合川供电公司

“多亏了服务队的帮助，才让村里的花椒树变成了致富树。”在重庆市合川区太和镇晒经村村民心里，国家电网红岩（合川）共产党员服务队，是推着他们在致富振兴路上不停前行的那双“隐形的手”。

晒经村地处太和镇西部涪江江畔，距离合川区主城47公里，因为交通闭塞、产业落后，成为了重庆市级贫困村，是服务队进行对口帮扶的乡村。“我们与太和镇政府、晒经村支部开展了‘红岩联通共建’，探索出‘政企联动，合作共赢’的发展模式。”合川供电公司相关负责人介绍说，服务队以“煤改电”共建行动助力产业振兴，让晒经村从一个贫困乡村成长为全电示范村。

“共建林”洋溢出幸福气息

“欣忻笑口向西风，喷出元珠颗颗同。”最美四月天，晒经村漫山遍野洋溢着幸福的绿意。“抬眼所见的绿色，都是我们晒经村的致富树——天知花椒。”村干部大声介绍道。在山林间，“国网红岩合电共建林”九个红色大字，赫然醒目。

“我们将3000亩花椒园拓展为‘共建林’联合进行培育养护，还定期为村户检查线路，解决用电难题。”国家电网红岩（合川）共产党员服务队队员们说。

“张老师，你们来得正好！眼下花椒临近成熟，我准备添置几台烘烤设备，但可能电带不动，是不是要办理增容？”2020年3月10日，看到服务队队员张军，花椒种植户罗立迎上来询问道。

“别急，我们先检查一下变压器和设备情况。”队员们立即来到花椒生产车间，逐一记录厂房设备的负荷，并沿着线路查看变压器容量。张军发现，该变压器容量较小，如果增加设备势必会导致电压偏低，设备无法正常运转。

“当时建烘烤厂房，因为资金问题没有考虑大容量变压器。种植基地建成后的花椒产量提升很大，湿花椒摘下来放久了就要发霉，麻烦你们能不能快点帮我增下容！”罗立显得非常焦急。

“罗老师，情况我们都掌握了，一定用最短的时间帮你解决！我刚刚统计了一下，按照你的增容要求，已经超过了小微企业的用电容量，必须安装专变。”一听到队员说要安专变，罗立慌了神，“我把家底都投资到花椒上去了，眼看着花椒马上就要熟了，我可怎么办呀？”

“罗老师，我帮你问问有什么解决办法。”张军立即联系太和供电所所长唐洲，电话中汇报了现场勘

◆ 红岩（合川）服务队在“共建林”开展主题党日活动

查情况。

“转告罗老师，可以分期支付，绝不耽误今年的好收成！”所谓“分期支付”，即是按照综合能源服务配电工程 EMC 模式，以分期支付费用的方式帮助客户设计、购置、安装电力设备和线缆。唐洲的话无疑给罗立吃了一颗“定心丸”，当即决定办理增容。

在张军的指导下，罗立通过“网上国网”提交了增容申请。仅仅 3 天时间，红岩（合川）服务队便完成了一台 400 千伏安变压器的安装，新的电源也顺利接到了罗立的烘烤厂房。

“以电代煤”开辟致富新路径

2020 年 5 月 13 日，服务队来到晒经村例行检查。

“熊老师，看着外面花椒林那一颗颗花椒饱满的样子，今年肯定大丰收。”队员秦晓东见面就和种植户熊俊攀谈起来。

“今年花椒确实是近 3 年最好的，但我们一直采用燃煤烘烤工艺，成本很高。而且经过这种工艺产出的花椒多少都有一定含硫量，卖不出好的价格。”熊俊开门见山道出了心里的难处。

听熊俊这么一说，“电烤花椒”的念头在秦晓东脑海中一闪而过：“你们可以尝试用电来烤花椒呀，不仅环保，还能降低用能成本。”

“电烤？我们从来没听说过。就算有这项技术，费用太高我们也承受不起。而且 6 月就收成了，现在换设备恐怕也来不及了。”熊俊提出了自己的担忧。

为了打消熊俊的顾虑，红岩（合川）服务队立即联系上了国网重庆综合能源公司寻求技术支持，同时着手研究各类农业政策，对接太和镇政府争取政策支持。

“本着‘难题共解’原则，着眼助力乡村振兴、打赢蓝天保卫战，我们非常支持‘煤改电’项目。”

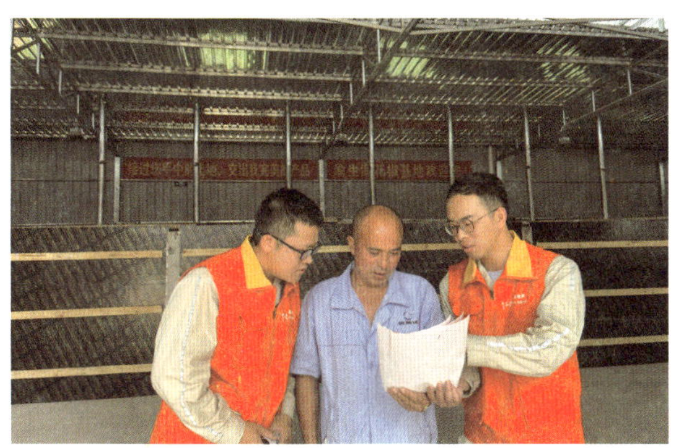

◆ 2020 年 5 月 13 日，红岩（合川）服务队向太和镇晒经村花椒种植户推广花椒电烘机

太和镇镇长郭鹏飞表态道。1 周后，该镇“每台电烤设备补贴 3 万元”的煤改电补贴政策顺利出台，这就意味着，花椒种植户仅需花费原价的一半就可以购买一台电烤设备。不到 10 天，6 台电烤设备安装在了“太麻佬”的花椒烘烤车间里。

6 月，一串串花椒饱满翠绿，到了采摘的最佳时节。晒经村 2 社的花椒种植基地内，村民们背着背篓在“共建林”中精心采摘，并利用电烤花椒设备进行烘烤加工。看着崭新的电烤设备有序地运转起来，熊俊脸上乐开了花：“改成电烘烤后，每千斤花椒的烘烤成本从 2000 元降低到不足 500 元，今年能多赚好几万元！”

近年来，晒经村充分利用荒山和撂荒地，大力发展花椒种植业。合川供电公司与晒经村开展的“红岩联建”行动，帮助该村加快推进农村电网改造，实现电能替代、清洁出行、智慧服务全覆盖。2019 年以来，合川供电公司组织实施的农网升级改造工程共投资 2000 余万元，大修 10 千伏线路，增容变压器，改造农村配电台区，有力地解决了花椒种植户的用电问题。

携手联建助力贫困村大变样

通过两年多的培育，晒经村的花椒产量得到了巨大提升。但就在种植户们都沉浸在丰收的喜悦中时，红岩（合川）服务队却敏锐地发现了花椒增产带来的难题——销售渠道急需拓宽。

“天知椒，颗粒更大更饱满，麻香更浓更爽口，烹饪佳肴不可少，你还在犹豫什么，赶紧买它！”2020 年 6 月 16 日，服务队主动联系上晒经村花椒基地，搭建网络销售平台，队员们摇身一变，有模有样地当起了“主播”进行直播带货，当天便达成近万元的成交额。“感谢你们，为花椒基地做出的努力，为乡村振兴注入了力量。”7 月 15 日，晒经村驻村第一书记周南东代表全村花椒种植户，将一面写有“电力扶贫用真心，村民感恩献真情”的锦旗送到了服务队的手中。

红岩（合川）服务队积极在晒经村花椒种植户与国网电商平台“慧农帮”之间搭桥牵线，扩大花椒销售的渠道。同时，服务队还走访农贸集散中心、火锅制品制造厂、火锅门店等火锅产业链用电客户，推介晒经村花椒品牌，有效打通城乡供销渠道。目前，晒经村花椒种植户与邮乐购、淘宝等电商平台充分合作，注册商标“太麻佬”花椒产品正式上线销售，品牌知名度大幅提升。

晒经村能够从一个贫困村成长为区级“全电示范村”、全电烘烤“无硫”示范基地，与服务队落实乡村振兴战略的努力密不可分。如今，晒经村实现电能替代 52 万千瓦时，安装太阳能路灯 300 盏，让 2000 多名村民真正体验到了智慧、便捷的新生活。

◆ 2020 年 3 月 15 日，红岩（合川）服务队正在检修花椒基地专用变压器

赋能两地春潮涌，绘出川渝同心圆

——国家电网红岩（潼南）共产党员服务队广潼线改造工程纪实

文图／国网重庆潼南供电公司

362天的艰苦奋战，135基铁塔、50公里110千伏线路——这是国家电网红岩（潼南）共产党员服务队日夜坚守，书写的成绩单。

作为成渝地区双城建设、推动区域一体化发展的重点工程之一，110千伏广潼线改造工程将缓解四川水电弃水问题，缓解潼南迎峰度夏电力供应压力，成为川渝合作双赢、全面提升电网供电可靠性的示范工程。

这一群奋战在建设川渝电网的电力铁军，他们始于勤、立于本、敬于业，用实干、苦干、精干助推了成渝地区双城经济圈的建设。

为民是底色，群众事无小事

110千伏广潼线，连接重庆110千伏潼南变电站和四川安岳110千伏广惠变电站，改造工程线路长度50公里，新建铁塔135基，跨越川渝5个镇街，2处高速，高低压线路338处，房屋99处，其中就涉及安岳县龙台镇花台村老杨家的耕地。

对农民来说，土地是“命根子”，是赖以生存的饭碗。以前政府修路的青苗补偿款，迟迟没有到位，现在又要来占地，老杨有情绪了。“高压线有辐射，要得病，庄稼产量也有影响……”2020年3月，在听到村里的传言后，便与大伙合计到工程队讨要说法。

第二天一大早，老杨和十多名村民将施工现场团团围住，禁止工人进场施工，现场气氛十分紧张。本以为会引发冲突，但令老杨等人意想不到的是，工程队从经理到工人都客客气气，还为村民提供了水、面包，认真记录大家的诉求，并表示会妥善处理。

◆ 2020年4月，红岩（潼南）服务队到110千伏广潼线沿线乡镇开展安全用电宣传

回到家的老杨心想，工程队肯定在敷衍，是笑面虎，嘴上说解决，实际就是想把我们支开进行施工。正当老杨还在顾虑的时候，几个身穿红马甲的人来到了家中，带队的是国家电网红岩（潼南）共产党员服务队副队长汪晓东。

听老杨说了自己的想法之后，他们一边科普电辐射常识，一边帮着整理好家中散乱的电线，临走的时候还特意叮嘱，用电有什么困难，都可以来找他们。

没过两天，村里就传开了，说是有这么一群人，穿着红马甲，每到周末就来村民家里帮忙，从线路检查到电器维修，没有他们不会的。

一来二去，村民们和队员们便熟络了起来，家里有困难找他们，肯定没错。

面对村民集中反映的问题，服务队积极联系相关部门，协调妥善处理。对于大家关心的高压线路辐射问题，还举行了现场讲座，讲科学、讲法规、谈案例、摆事实。政策清晰了，道理说透了，心结就解了，施工也顺利了。经过一个月的奋战，施工队按照预定工期顺利完成施工。

“大家有困难，只要我们能做的，我们就要尽最大努力提供帮助。” 红岩（潼南）服务队队长朱兴江说，村民有意见来反映，代表前期的工作还没做好，群众事、无小事，作为共产党员和电力职工就要把群众的事当作自己的事，一件一件办好。

拼搏是原色，披星戴月兼程路

5月的夜，万物俱静，复兴号在川渝间穿行，留下呼啸而过的轰鸣。朱兴江已经记不清这是第几次去成都了，为节约白天的工作时间，他每次都是深夜到，第二天办完事就返程。

110千伏广潼线改造工程量巨大，穿镇街、跨高速，由此带来的属地50公里协调工作更加复杂。工期紧、难度大，加之疫情耽搁，半天的时间对于工程来说，也是弥足珍贵的。

其中，四川段S41内遂高速路，其运营单位为湖北葛洲坝集团，属地管理责任单位为四川省交通厅，横向、纵向管理单位众多，地域跨度大。特别是疫情期间，只能通过网上办公、电话沟通，办理跨越高速

◆ 2020年3月，红岩（潼南）服务队对110千伏广潼线26号杆塔进行验收

许可手续的相关工作难度陡增。

时间到了5月中旬，距离6月底的项目竣工日期只有不到两个月了。时间不等人，潼南供电公司立即与施工单位重庆电建公司共同成立专项协调小组，负责手续办理事宜，确保工期不延误。

为节省时间，他们都选择乘坐夜班车，他们看见过凌晨3点的成都，目睹了旭日初升的遂宁，还体验过武汉的“过早”。

七上遂宁，八赴成都，辗转武汉，行程超过1000公里。在各级单位的协调配合下，6月19日，专项协调小组成功拿到了跨越高速许可手续，确保了项目按计划工期开工。

冲锋是本色，急难中挺身出

山城的6月，赤日炎炎，工人在铁塔上挥汗如雨，斗志满满。

改造工程需要拆除原线路、塔基新建和导地线展放，受疫情影响，工程进度滞后。

时间紧、任务重、要求高，是摆在项目组面前的难题。按照“计划不调、任务不减、目标不变”的要求，公司积极向潼南区委区政府、市公司汇报，争取政策支持。区委领导、市公司相关领导多次到现场检查指导工作，广潼线改造工程率先实现复工复产，按里程碑计划推进。

沧海横流，方显英雄本色，危难关头，更见党员担当。为把工期抢回来，潼南供电公司成立了110千伏广潼线改造工程共产党员攻坚突击队，由朱兴江任队长，汪晓东任副队长，还有施工及监理负责人等7名党员同志。

事不避难，责任在心，担当在行，奋勇向前——这是攻坚突击队的铮铮誓言。

◆ 2020年7月，红岩（潼南）服务队巡检110千伏广潼线

“共产党员就应该冲在前线。”队长朱兴江说。自从突击队成立到全线竣工，3个月里他们几乎无休。

吃，在工地；住，在工地；眼，看的是工程；心，想的是工期。每天的凌晨，队员们还在微信群里梳理工程管理中的问题，此起彼伏的消息提示音成了他们入睡的催眠曲和早上的闹铃。

“党员就要有党员的样子，这时候不上，什么时候上。”副队长汪晓东说。工程现场遇到问题，就想办法、找资源；现场有什么技术困难，就组织技术团队带头攻克难题。

车灯晚餐是常态，方便面矿泉水是必备。“将军奋勇，三军用命”，榜样的力量是无穷的。员工看在眼底，记在心里，领导干部带头冲，基层员工也就有干劲，有了力量。

在攻坚突击队的带领下，技术难点先后被攻克，确保了工程安全、优质投运，实现了现场安全管理“八不发生”和质量管理“零缺陷”。

2020年6月25日，110千伏广潼线路全线贯通。7月3日18时03分，110千伏广潼线路改造工程一次合闸成功，正式投入运行。

山同脉，水同源，人相亲，地相连。红岩（潼南）服务队赤胆忠心映党旗，唱响成渝双城记。

有电就有光，有光就有希望

——国家电网红岩（石柱）共产党员服务队助力脱贫攻坚纪实

文图／国网重庆石柱供电公司

4月，重庆市石柱县春暖花开，阳光明媚。走入中益乡，漫山遍野的油菜花香扑面而来，成群的蜜蜂在花丛中飞舞。一条条小溪清澈见底，一幢幢漂亮的民居错落有致。电力银线动力十足，守护着万家灯火——这是新时代新农村的崭新风貌，也是土家人“先吃黄连苦，后享蜂蜜甜”最美的注脚。

2019年4月15日，习近平总书记亲临中益乡视察脱贫攻坚，殷殷嘱托铭刻在国家电网红岩（石柱）共产党员服务队每一个人的心间。他们践行初心使命，庄严履行共产党人的铿锵承诺。

打通服务群众“最后一公里”

2018年3月，为积极响应决战决胜脱贫攻坚的号召，国网重庆石柱供电公司首创“电力扶贫工作站”，发挥“三站合一”功能和“前沿阵地”作用。国家电网红岩（石柱）共产党员服务队两名队员主动请缨入驻，助力重庆市深度贫困乡——石柱县中益乡脱贫致富奔小康。

工作站设置便捷业务办理区，提供用电申请办理、接待群众咨询、室内线路维护、故障报修、用电安全宣传、客户缴费等6项服务，实现办电“最多跑1次”，免去办理业务的路途奔波，打通了脱贫攻坚电力保障的“最后一公里”。

截至2021年3月，该工作站累计接待客户2200余人次，开展用电安全宣传50余次，完成国家级、市级、县级等各个层面重大活动保电22次，实现零跳闸、零事故、零投诉，服务满意率100%。

◆ 2020年7月5日，红岩（石柱）服务队在中益乡抢修

“我已经51岁了，身体不是很好，一到晚上就呼吸困难，只能靠呼吸器才能正常入睡。”2019年7月，当石柱供电公司党委领导与服务队队员曾永洪谈话，希望他再次出任沙子供电所所长，兼任电力扶贫工作站副站长，为公司发展和扶贫攻坚继续奉献力量时，他坦诚地向组织道出了苦衷。

曾永洪说，面对组织交付的重任，自己的确犹豫过，彷徨过，就连家人也极力劝阻。但是，当想到村里还有很多事要做，还有比我更困难的人，我是一名共产党员。他最终说服了爱人，戴着呼吸器重新踏上新征程。

“供电公司在中益乡建立便民电力扶贫工作站，拉近了服务群众的距离，让群众办电更‘省心、省时、省钱’”。“遇到基础建设搬迁电力线路，只需要递交一个申请，他们很快就会到现场查堪解决，办事效率非常高”。“经常看到穿着橘红色服装的电力工人在村里忙着架线施工，还为我们义务安装了村上的路灯，方便群众出行，好多同志都成了老熟人。”乡镇、村组干部及群众赞不绝口。

从“用上电”到“用好电”

2019年初，随着中益乡电网改造升级步伐提速，石柱供电公司将华溪村屋基坪片区电网改造升级纳入实施项目，解决该片区电压低、用电难问题。

“11根电杆，前后两个多月才拉上山，确实费了不少劲！”村民谭地银回忆说。由于当时没有公路，电网施工人员就用两台汽油机和电动绞磨，从山下交替往山上绞运。电杆每绞运一次后，工人就将机器往更高的山上抬，把钢丝绳、钢钎等用背篼往上背，如此反复，将电杆一点点往上挪。两个多月后，电杆、横担等设备安全运上屋基坪，使用多年的木电杆、木横担被拆除，7户居民用上了稳定、充足的电力。

在中益乡，类似屋基坪片区电网改造的案例，数不胜数。从2018年初起，国网重庆市电力公司从项目、资金等方面给予保障，对中益乡电网进行全面改造升级，累计投入改造资金1370余万元，新建改造10千伏线路22千米、低压线路46千米，新装、增容变压器28台，增加供电容量4800余千伏安。目前，居民户均供电容量超过2千伏安，高于全国贫困地区平均水平，领先渝东南地区，为中益乡决胜脱贫攻坚提供了充足动力。

◆ 2019年6月17日，红岩（石柱）服务队为中益乡农业基地更换灯泡

“供电公司太给力了，不计任何报酬，义务帮助解决我们的生产和加工用电燃眉之急，非常感谢啊！”中益乡周家坪黄连基地负责人说。联建活动时，红岩（石柱）服务队现场为基地定制配变增容和线路迁改方案，经过紧张的施工后，不到5天时间就完成了。服务队为基地增容200千伏安变压器一台，搬迁10千伏高压电杆2基、低压电杆3基，及时解决了苗圃大棚喷淋和烘烤加工用电难题。

“没有电力的帮忙，我们发展哪有这么快。”六边形蜂业公司生产主管谭攀说。该公司位于中益乡华溪村，建筑面积2700余平方米，拥有全自动、半自动蜂蜜生产灌装生产线各一条，以及灭菌机、洗瓶机、储存罐等设备。引进生产线时附近变压器已满载，服务队就在该企业附近新增了一台200千伏安变压器，满足了该企业和周边居民的用电需求。有了稳定的电力，六边形蜂业公司快速发展，带动了周边40多户贫困户养蜂致富。

“我们接下来打算修建一个约100平方米的恒温库。”谭攀一边介绍着未来规划，一边露出灿烂的笑容。

2021年2月，服务队又为全兴村扶贫车间新增200千伏安变压器一台，为蓝莓园深加工提供可靠电力保障。扶贫车间、蓝莓园为当地村民提供35个务工岗位，受益群众81户，带动12个贫困户实现产业脱贫。

让每一个贫困户都不掉队

“以前家里经常停电，直到服务队的小伙子们来了后，才终于得到解决。”中益乡全兴村党支部贫困老党员马祥兹提起服务队，一个劲儿地称赞。他家中的电力线路、开关年久老化，服务队得知情况后，第一时间派队员上门，帮助查找原因，消除了缺陷，让他家用上了放心电。

2018 年 2 月，红岩（石柱）服务队 5 名党员，历时近 15 天，义务完成复垦项目的中益乡龙河、全兴等 7 个村的 296 个贫困户电表拆迁任务，保障贫困户安心用电。同时，为中益乡 810 余户土木结构和纯木结构房屋居民的室内线进行阻燃防火改造，消除居民火灾及用电安全隐患。

“服务队的同志每月都要到家里来看望，帮我解决种黄连技术上的问题和生活上的困难，宣传党的扶贫政策，比亲戚还亲。现在靠种 3 亩多黄连的收入，日子比以前好过多了。”为了让每一个贫困户都不掉队，服务队的党员干部与 6 个贫困户实施“一对一”结对帮扶，组织爱心募捐、节日走访慰问、技术指导、政策宣传等系列活动，做到“志智双扶”，助推共同致富奔小康。

2020 年 7 月 23 日，国网重庆市电力公司办公室党支部、市区供电公司渝中营配党总支、石柱供电公司营销党支部、智网科技有限公司第二党支部与石柱县中益乡全兴村党支部齐聚一起，开展支部联建暨先进典型对口扶贫活动，积极探索联建机制，构建“党建 + 扶贫”工作模式，推动脱贫攻坚与乡村振兴有机衔接、深度融合。

参加联建的服务队队员、党员同志们共同学习，深刻领悟习近平总书记关于扶贫工作的重要论述和指示、批示精神，在“初心广场”重温入党誓言，深情表达坚守初心使命，为党的电力事业奋斗终生的坚定决心。

随后，队员们穿上红马甲、戴上小红帽走进中益乡场镇，为当地贫困户开展便民服务，宣传“网上国网”APP 和安全用电知识，并义务为商铺开展安全隐患排查，了解全兴村农副产品销售情况，现场商议搭建“带货”渠道方案；走进当地学校，为全兴村的留守儿童捐赠学习用品、体育用品；走进结对帮扶贫困户家中，为他们送去生活用品，了解他们的家庭生活状况，传达惠民政策，鼓励他们树立创建美好生活的信心，将党的温暖实实在在地带到贫困群众中去。

供好一方电，保一方平安。服务队成立“隐患排查治理”攻坚队，全面加强房线、对地距离和涉水隐患排查整治，全面推广户保安装，打造安全用电示范镇，有效防范第三方触电伤害。

有电就有光，有光就有希望！在中益乡这片土家大地上，红岩（石柱）服务队牢记初心使命用实际行动兑现庄严的承诺——用光为百姓点亮幸福，用心为贫困户带去希望。

◆红岩（石柱）服务队在中益乡全兴村为安置点整改电线

在雪域云端的日子里

——国家电网红岩（送变电）共产党员服务队建设阿里联网工程纪实

文图 / 重庆送变电公司

男儿辞家赴高原，虎跃龙腾车马喧。

金塔巍巍绕雪域，银线迢迢连狮泉。

空气稀薄步履缓，海拔陡升斗志坚。

今日欢饮竣工酒，渝电铁军威名远。

西藏阿里地区属于我国省级集中连片深度贫困地区。在这里，国家电网公司针对性地将脱贫攻坚和电力援藏相结合。近年来，随着西藏电网建设力度的不断加大，藏族群众生产生活条件也在日益改善。

西藏阿里地区是我国最后一个接入大电网的地级市，西藏都稳定地“通上电、亮起灯”，啃下脱贫攻坚“硬骨头”。重庆送变电公司的建设者们，用了480个昼夜的奋战，让“电力天路”犹如坚强骨骼般跨越在雪域高原，结束了阿里地区孤网运行的历史，让这项民心工程、德政工程、光明工程落地在西藏西部。

“11名战士”逆行复工

2020年的春节，当各行各业因疫情按下“暂停键”时，重庆送变电公司党委迅速响应复工复产指令，高度重视、悉心部署，国家电网红岩（送变电）共产党员服务队阿里联网工程（包11）的“11名战士”提前吹响集结号角，毅然决然行进3000公里，不待冰雪消融，赶赴阿里项目驻地，火力全开投入复工复产。

2月20号，“11名战士”集结完成，带着40个口罩、40升消毒液等“紧缺物资”出发了。由于疫情，这四天三夜的行军路，无餐馆、无住宿，他们靠着方便米面、冷冻丸子，孤独地前行。“进入西藏，雪肆虐狂舞，风撕扯着、怒吼着，大老爷们儿听着都心慌。”项目经理樊孝成回忆着说。

项目部距日喀则市区有10多个小时的车程，导致蔬菜、肉类等日常饮食无法保障供应，宛如进入了无人区，从重庆带上来的方便食品成了11人充饥的口粮，大家笑称：“我们是在搞野外生存训练。”11人分成后勤保障、对外协调、复工准备3个小组，迅速开启“备战模式”。

3月16日，项目组总工谭判带队前往施工现场检查塔基情况。“全线70%的塔位都被没膝的积雪覆盖，只能通过卫星定位判断塔基的具体位置开展工作。”谭判说。在海拔4800米的雪地里，大风夹杂着雪点子，抽得脸生痛。

◆ 阿里联网工程巍峨的群塔

“目前阿里联网工程（包 11）进度还不达 30%。兄弟们，离 7 月 30 日项目验收只剩下 4 个月的时间，我们必须理清头绪，提前策划方案、加大人力物料投入，火力全开，确保务期必成。”在动员会上，项目经理樊孝成发出号令。

3 月 25 日，取得复工令，复工复产战役正式打响。

“老班长”守土有责

5 月 22 日，11 时 30 分，在张牵机的轰鸣声中，一牵二牵引板放出，这标志着该标段的导线展放工作正式开始。作业当天，天还未亮项目团队便动身前往作业点，开启一天的任务。

走在队列最前面的周登万是红岩（送变电）服务队的一名老党员，也是阿里联网工程（包 11）作业层老班长。尽管已年过半百，但在平均海拔 4800 米的高寒作业一线，他的意志力却丝毫没被削减。“远行凭脚力，山高人为峰，既然上来了，就要用坚定饱满的态度去打好这场雪域高原的攻坚战。”在氧气最稀薄、风力最劲道的组塔架线现场，他的话斩钉截铁。

“别看老周年过半百了，论登山，我们还真无法和他相提并论。”工程项目团队里的青年们对周班长也是由衷地佩服。在他们眼中，老周的手里永远都牢牢拽着一个对讲机，眼观六路、耳听八方，随时精神抖擞。

在高寒高海拔地区施工极易出现手脚打滑、缺氧休克等危险。“只要存在隐患，必须停下来整改，不得心存侥幸。”这是老周作业监护时重复得最多的一句话。作业人员不理解：“这里环境太恶劣啦，作业

◆ 红岩（送变电）服务队行走在施工路上

时给大家适当放松点吧，何必这么较真儿？”本来脸就黢黑如铁的老周，听闻此话，更严肃了，摆摆手：“在安全面前，没有任何人情可讲，宁可听骂声，也不愿听哭声！发现隐患，必须停，必须改！”

随着工程节奏的加快，海拔 5200 米的大挑战、作业监护大转角、大跨越……在一个又一个难关面前，老周的皮肤被强烈日照照得越发黝黑，胸前的党徽也在日照下愈加铮亮耀眼。

“主心骨”传承薪火

11 人团队中既有像老周这样的 60 后，还有像项目经理樊孝成这样的 70 后。他们作为团队里的主力骨，成为了 80 后、90 后青年们的引路人。

樊孝成这是二上高原了。他主动请缨参战阿里联网工程，深知高原建设的难度，也深知这个标段的危险。面对包 11 标段的铁塔组立作业比计划延迟了不少，工程进度倒数第一，作为服务队队长，他没有被压力打垮，而是带领青年们克服高海拔、低含氧量、物资紧、环境恶劣等困难，加班加点，仅用两个半月时间便安全完成了该标段 297 基铁塔的组立工作，追上了工程的整体进度。

队员们回忆，去年 5 月阿里地区的积雪还有 30 厘米厚，路上的暗沟、水坑、冰窟窿都被积雪掩盖了，没办法保障运输的安全性，为了追上工程进度，樊孝成带领服务队一起出发去探路。为了保证绝对的安全，他把绳子绑在自己腰上，另一头绑在车身上，用拐杖去一步步探查地面，再示意车往前开。但是由于缺氧，每次下车探路只能坚持几分钟，就必须回到车上吸氧。队员们就这样轮流下车探路，这样来回数百次，终于探出了一条安全运送组塔架线物资的道路，为后面大量的机械设备运输提供了条件，保障了人力物力进场的安全可靠。

2020 年 7 月 7 日，工程进入冲刺阶段，樊孝成正在变电站外1号塔现场组织开展终端塔至构架的导地线敷设工作。这时，闹钟突然响起，他才想起这天是儿子高考的日子。他喘着粗气爬到崖壁上，搜索到手机信号后，给儿子编辑了一条短信——“沉着冷静，坦然面对。8月份咱们在布达拉宫相聚。”待确认消息发送成功后，他突然一阵眼眶泛红，用手遮掩道：“今天的风够大的……”

“作为项目负责人，带好团队是我义不容辞的责任，我要将服务队的精神传承下去。”樊孝成这样说，也是这样做的。在他的带领下，团队的青年们个个干劲十足，奋战在施工一线，少则两三个月，多则一年半载都回不了家，甚至有的错过了妻子生产的陪护，有的耽误了结婚的时间……

在雪域高原奋战的这480个昼夜，红岩（送变电）服务队用行动践行了“守创、担当、无我”的铁军精神。他们“舍小家，为大家”的付出，保障了阿里联网工程的安全优质高效投运，荣获国网重庆市电力公司“脱贫攻坚先进集体”荣誉称号。

◆ 红岩（送变电）服务队480个昼夜奋战阿里联网工程

第二章 · 使命扛肩

用心服务，优化营商环境

——国家电网红岩（永川）共产党员服务队优化营商环境工作纪实

为客户倾心，为企业赋能

——国家电网红岩（璧山）共产党员服务队助力比亚迪落户重庆纪实

十年实做先行官，汇聚惠民『电暖流』

——国家电网红岩（长寿）共产党员服务队服务企业生产纪实

『三心』服务注入电力能量

——国家电网红岩（忠县）共产党员服务队赋能园区发展纪实

党旗高扬，为两江新区高速发展添动力

——国家电网红岩（建设）共产党员服务队推进市重点工程建设纪实

电力大数据背后的大智慧

——国家电网红岩（信通）共产党员服务队电力大数据中心建设纪实

第二章·使命扛肩

助力经济大发展，电力先行为使命！电力是人民生活的必需品，也是国民经济的重要支柱。于是，为了地方经济的快速发展，为了重点企业的保障供电，113支红岩服务队穿梭在重庆的山水之间，将电力人的使命始终扛在肩头。

面对一个个重点项目，服务队众志成城，攻坚克难，不断创造保电通电奇迹；面对一家家重要企业，服务队创新服务，纾困解难，不断交出完美答卷。重大活动中、企业厂房里、项目施工现场……印刻下红岩服务队埋头苦干、顽强拼搏的“红色”身影，他们擎着红岩精神这盏明灯，行千里、致广大，照亮了重庆经济发展的前行之路。

用心服务，优化营商环境

——国家电网红岩（永川）共产党员服务队优化营商环境工作纪实

文图／国网重庆永川供电公司

国家电网红岩（永川）共产党员服务队以“三心服务”为抓手，推动技术服务深入化、为民服务常态化、优质服务特色化，切实提高供电服务水平，着力优化电力营商环境，争当排头兵，助力地方经济社会高质量发展。

2019年，红岩（永川）服务队获评重庆市“最佳志愿服务组织”和国网重庆市电力公司“金牌红岩共产党员服务队”；2020年，获评重庆市“服务民营企业发展先进单位”、荣昌区“振兴实体经济工作先进集体”和“开放发展突出贡献奖”。

放心：主动作为提高服务效率

“陈经理，你又来看我们了呀。告诉你一个好消息，我们公司的竹盐产品已经正常生产了！”2020年9月3日，在葆元青（重庆）保健食品有限公司新建的厂区内，总经理程镜畅一把握住国家电网红岩（永川）共产党员服务队队员陈政的手激动地说。

原来，企业刚拿到营业执照，就接到了陈政主动询问办电需求的电话。“您好，我是永川供电公司荣昌客户服务中心的陈政，通过企业服务大厅了解到贵公司办理了营业执照，如有需要，可为您办理用电手续。贵公司属于小微企业，您只需通过‘网上国网’APP提交用电材料即可，其他事情由我们来办，不收取任何费用。”接到陈政这通电话，程镜畅有点蒙，开办过5家企业的他，还是第一次听说不上门、不交钱就能把电给接上。

早一天通电，可早一天生产。程镜畅虽然仍有一些疑惑，但还是按照陈政说的方式在线上提交了申请材料。令程镜畅没想到的是，材料提交第二天供电公司就安排服务队上门查勘并制定接电方案，第三天开始现场安装。为企业免费安装了一台100千伏安变压器，并为该片区企业未来用电需求做好准备。

“6天的时间通电，一分钱没花。”3月4日，葆元青（重庆）公司快速通电，程镜畅特意制作了一面锦旗给供电公司送去，表达自己内心的感谢。这也是他从申请用电到通电过程中唯一的一次上门。

2020年，红岩（永川）服务队共为供区内262个低压小微企业建设低压业扩配套电力工程，提供“三零”接电服务，为企业节约成本达300余万元。在2020年开展的“重庆市区县营商环境考核”指标评价中，荣昌区“获得电力”指标评价排名全市第一。

◆ 红岩（永川）服务队在介绍“网上国网”APP

用心：方便快捷提升客户感知

“现在正是生产高峰期，订单都已经排起队了。”2020 年 9 月 4 日，荣昌区畜牧高新区重庆馨琦油脂有限公司菜籽油生产现场，该公司总经理罗长红自豪地说。在该公司生产现场，金黄的菜籽油从榨油机中汩汩流出，到处都弥漫着浓香四溢的味道。

5 个月前，重庆馨琦油脂有限公司还是一个租赁厂房生产、用电负荷仅 40 千瓦的小企业。

4 月 5 日，红岩（永川）服务队了解到重庆馨琦油脂有限公司有建厂意愿，队员林绍武主动上门，向罗长红介绍小微企业办理用电相关手续和政策，还手把手指导下载“网上国网”APP，从提交资料到上传审批，一步一步讲解。

“通过 APP 申请了低压新装，电费可以网上直接缴纳，电费也比以前租赁厂房时低多了。”罗长红笑呵呵地感叹道，“我做生意也有十几年了，之前办电都是靠两条腿跑，没想到现在办电动动手指就好了。”令罗长红笑呵呵的还有“网上国网”APP 的效能服务项目，该项目不仅可以查询用电峰值，还能进行成本诊断、节能推荐，对帮助企业节省成本有很大用处。

2019 年 6 月起，国网重庆永川供电公司荣昌客户服务中心对辖区内农村、城镇低压小微企业用电接入容量实行全面扩展，标准从 50 千伏安提升到 160 千伏安，更多企业纳入小微企业投资服务范围内。同时，该中心还与区规资局、市场监管局等职能部门合作，把供电服务端口前移，提前对接企业用电需求。红岩（永川）服务队全力推行“互联网 +”线上服务，用户足不出户即可申请用电，小微企业线上办电率达到 100%。

贴心：精准服务助力降本减负

“你们来了，我们的生产用电再也不愁了。”2021 年 4 月 17 日，重庆唯美陶瓷有限公司负责人赖文勇向前来检查用电情况的红岩（永川）服务队表示感谢。

重庆唯美陶瓷有限公司主要生产品牌瓷砖，目前已有 3 条运用行业最前沿技术的生产线投入使用，瓷砖生产基本实现自动化，每月用电量达到 500 万千瓦时。

此前，红岩（永川）服务队在检查重庆唯美陶瓷有限公司配电设备时，发现变压器的利用率比较低，通过后台用电数据分析发现该企业还有降成本的空间。当天，便针对重庆唯美陶瓷有限公司生产用电特点，制定了降低用电成本措施。

“现在我们每个月的基本电费比以前少 60 多万。”赖文勇说。在服务队的建议下，重庆唯美陶瓷有限公司暂停了 3 台变压器，现在共运行 11 台变压器，变压器利用率提升到 85% 以上。而这，仅是红岩（永川）服务队实行“一企一策”为企业降成本、持续优化营商环境的一个缩影。

红岩（永川）服务队秉着“企业不吹哨、我们也报到”的主动服务理念，对存量大工业企业电价开展月分析、月监控，提前预判、分类施策，开展“一企一策”用电成本诊断分析和治理，现场走访，发放降低用电成本建议书。通过指导客户办理暂停减容、调整基本电费计收方式等措施，2020 年为供区企业降低用电成本 5400 余万元，助力荣昌区获评首批“中国十佳营商环境示范城市”，也成为全国唯一获评此殊荣的区县。

一支队伍一个品牌，一名党员一面旗帜，一句誓言一生守诺。红岩（永川）服务队以实际行动践行“人民电业为人民”服务宗旨，彰显供电企业政治、经济和社会责任，树立良好品牌和形象。立足新起点，迈向新征程，穿上红岩服务队的红马甲，戴上安全小黄帽，服务队在持续优化营商环境的道路上集结再出发。

◆ 红岩（永川）服务队“一企一策”服务活动进重庆长城汽车公司

为客户倾心，为企业赋能

——国家电网红岩（壁山）共产党员服务队助力比亚迪落户重庆纪实

文图／国网重庆璧山供电公司

2021年4月24日凌晨，重庆市璧山区黛山大道两侧依然灯火通明，厂区生产热火朝天，一刻也不停歇。乘着成渝地区双城经济圈建设的“东风”，璧山区作为重庆主城都市区“迎客厅”开启了新一轮大发展，比亚迪、康佳、中车等1718家企业相继签约落户，组成璧山区智能制造产业集群。

大发展也是大挑战。面对全区用电量迅猛增长、重点工程密集开工的态势，国网重庆璧山供电公司抢抓机遇，电网建设、优质服务、安全生产全面晋档升级，并在急难险重任务中攻坚克难，全力保障了电力可靠供应。

用电方案定制化，为企业降本2000万

“全靠你们的建议，让我们节省了2000万元的电力建设投资，真心感谢！”2019年11月24日，重庆比亚迪新能源汽车电池生产基地项目负责人石银海笑意盈盈，对前来验收新投设备的国家电网红岩（璧山）共产党员服务队队员晏偌峰说。

2019年，重庆市重点项目——重庆比亚迪弗迪锂电池公司正式开工建设，该项目总投资100亿元，生产线主要以动力电池电芯、模组以及相关配套产业为核心产品。

6月中旬，重庆比亚迪公司向国网重庆璧山供电公司提交了新装6台2500千伏安变压器的临时用电申请，用于厂区生产设备的安装、调试用电所需。待专用变电站投运、正式电源接入后，拆除临时变压器和临时电源。

◆ 2020年6月3日，红岩（璧山）服务队对比亚迪专用变电站进行验收

“石经理，你们公司临时用电这么建，有点浪费。”6月17日，晏偌峰查看了重庆比亚迪公司的临时用电申请后，立即致电石银海。

“晏班长，咋个还浪费？这都是我们公司统一规划的，专用变电站要明年才投运，厂区生产设备12月就要进行调试和试运行，如果不安装这些变压器，

◆ 2020 年 6 月 16 日，红岩（璧山）服务队和比亚迪技术人员商讨变电站投运方案

咋个调试？”隔着电话，石银海听得一头雾水，急忙问道。

“是这样，我看你们临时用电投资预算约需 2000 万元，如果采用‘永临’结合的供电方案，这 6 台临时用电变压器和临时电源全部按照正式用电的标准建设，今后就不用拆除，直接转为正式用电，不就节省了投资。”晏偌峰一边翻看客户用电申请，一边耐心解释道。

“你说的好像有道理，如果能一举两得，节省下这笔投资，那对我们公司来说，是件好事。这样，我马上去给领导报告。”石银海放下电话，赶紧去给分管领导汇报这个节约成本的大好消息。

重庆比亚迪公司经慎重研究，采用了晏偌峰提出的“永临”结合供电方案建议。国网重庆璧山供电公司确认最新的供电方案后，从相邻变电站提供了 1 个 10 千伏间隔作为临时电源，为这 6 台变压器供电，待比亚迪专用变电站建成后，再改接供电。

“如果不是你们为我们着想，给我们提出了这个‘永临’结合供电方案，这笔钱，我们哪里能省下来！”石银海看着即将投运的变压器等设备，感慨地说。

服务队显身手，两大市级重点项目同进行

“你们可帮了我们的大忙，施工进度一刻也耽搁不得。”2019 年 11 月 13 日，在重庆比亚迪弗迪电池公司施工现场，客户方工程负责人激动地说。

2019 年 11 月，经过几个月施工，该项目土建部分已初具规模。然而，由于重点工程相继开工，厂区建设与另一个市重点工程云巴胶轮有轨电车项目起了冲突。

原来，云巴项目需迁改 110 千伏田秀西线，该线路计划于 2019 年 11 月 13 日至 14 日停电搬迁，其下跨 10 千伏城丹支线也将配合停电，停电范围涉及比亚迪锂电池项目施工现场。

停电，比亚迪锂电池厂区的施工将陷入停顿。正当比亚迪项目建设负责人一筹莫展之际，红岩（璧山）服务队主动对接，抽调两台应急电源车前往比亚迪施工现场保障现场施工用电。接上应急电源车后，比亚迪 1000 多名工人继续忙碌起来，施工现场恢复了往日紧张有序的景象，云巴迁改和比亚迪厂区的工期一个也没有耽误。

抢回进度，保障变电站提前投运

“孙班长，疫情影响了工程进度，时间全得靠你们抢回来！”2020 年 4 月 9 日，在 110 千伏比亚迪专用变电站建设工程中，红岩（璧山）服务队的孙林玮深知比亚迪项目任务重、要求高，时间就是效益。面对验收提出的 118 条问题，他认真地梳理着“消缺”计划，迅速组织召开紧急推进会，建立项目微信群，以“第一时间查缺、第一时间掌握、第一时间协调、第一时间解决”的速度，严卡时间节点。

“一定要先确保待启动设备无人工作，现场无短路接地及杂物后才能开始投运！”投运前一个星期，服务队来到比亚迪变电站，向该变电站的运维人员详细交代投运过程中注意事项，指导他们按照设备启用方案上的操作步骤和调控要点进行操作。

2020 年 6 月 16 日清晨，璧山区发布暴雨黄色预警，暴雨阻断了比亚迪锂电池厂区前的施工道路。验收团队步行迈过泥泞，对比亚迪现场进行最后的检查确认。

◆ 2021 年 4 月 16 日，云巴示范线在重庆市璧山区正式开通运营

“设备封堵到位、各二次接线正确、现场无短路接地……”从早上 6 点到下午 4 点，队员们一刻不停歇，不放过任何一个缺陷隐患。

当天下午 4 点 16 分，随着站内变压器嗡嗡声响起，比亚迪 110 千伏专用变电站比计划整整提前了 14 天投运，全体人员欢呼雀跃。兴奋过后，高强度连续工作 10 多个小时的疲惫感袭来，孙林玮和其他队员都累瘫在了地上。短暂休息后，一群人捡起已经凉透的盒饭，吃着“迟来”的午饭。

“为客户倾心，为企业赋能！”2020 年 6 月 17 日，重庆比亚迪锂电池有限公司副总经理带队来到国网重庆璧山供电公司并送上锦旗，感谢公司在服务项目电力建设上作出的努力，高度赞扬了供电公司的优质服务成效。

项目的终结不是供电服务的终点

“陈老师，你看我们这个系统问题太多了，怎么才能解决哦？”2020 年 11 月 11 日下午 6 点，红岩（璧山）服务队队员陈咏志在值班过程中，接到了客户来电。

从比亚迪专用变电站顺利投运以来，该站站长杨代都在为站内自动化监控系统头痛：“太恼火了，我们比亚迪公司没有专业的自动化人员，大家对设备维护和检修也完全不懂，严重影响了站内的监控使用。”由于公司签订的维保厂家迟迟没有到现场，万般无奈之下，杨代打通了陈咏志的电话。

“杨工你放心，我们立马安排人员过来检查。”接到求助后，陈咏志立马向调控中心汇报了用户的难处，引起领导的高度重视。服务队随即赶到现场对故障情况进行分析，发现由于站内人员不懂得如何维护“二次”设备，导致监控系统没有正常运行，故障频发。于是队员们迅速展开“消缺”工作，经过一天的处理，成功消除对时异常、信号误发、监控系统运行卡顿等故障。

故障处理结束后，服务队特意组织了比亚迪变电站技术员参加运维知识培训，并留下联系方式。“在你们指导下，我们技能不断提升，疑难问题也能向你们咨询，太感谢了。”杨代非常高兴。

国家电网红岩（璧山）共产党员服务队保障了比亚迪专变建设、云巴迁改、42 所学校用电增容、老旧小区改造等一系列重难点工程，区域电力营商环境持续优化。用电量得到跨越式增长，2021 年全区一季度用电量 7.87 亿千瓦时，同比增长 61.33%，增幅为国网重庆市电力公司同比第一。

十年实做先行官，汇聚惠民“电暖流”

——国家电网红岩（长寿）共产党员服务队服务企业生产纪实

文图／国网重庆长寿供电公司

2021年4月1日，国家电网红岩（长寿）共产党员服务队30名队员来到重庆市长寿区烈士陵园开展“忆先烈，学党史，找初心”活动，缅怀瞻仰先烈、重温入党誓词。

“先辈们的英勇事迹让我备受震撼。我一定尽己所能，全心全意为人民服务，将他们的革命精神传承下去。”队员奚红娟说。

一切为了人民，一切依靠人民。该服务队服务范围遍布园区39家化工企业，其中有7家重要高危企业。这支国网重庆电力的“金牌服务队”，经过近十年的砥砺前行，用实际行动做好电力先行官，架起了党群连心桥。

◆ 2021年春节前夕，红岩（长寿）服务队到工业园区提供专业技术帮助

护航企业托梁柱

沧海横流方显英雄本色，哪里最困难、最艰险，哪里就有国家电网红岩共产党员服务队飘扬的旗帜，就有队员冲锋在前的身影。

“要把材料抹匀，这样才不会继续放电……”作为国家电网红岩（长寿）共产党员服务队的检修骨干，李欣正在110千伏客户变电站内，指导着映天辉公司工作人员清洁刀闸瓷瓶。

映天辉氯碱化工有限公司位于长寿区晏家工业园区，主要生产氯气、氯化氢等化工产品。疫情防控阻击战打响之后，作为重庆市辖内两家大型消毒液生产企业之一，映天辉迅速调整生产计划，全力组织生产、供应次氯酸钠消毒液用于防控新型冠状病毒感染，达到了日产140吨。

疫情就是命令，保电就是责任。映天辉是长寿重要的防疫物资保供企业，它的供电可靠必须得到保证。2020年2月4日，接到技术支援申请后，服务队立即组织运检、营销、变电、调度、园区中心5个部门技术骨干，赶往映天辉110千伏客户变电站排查隐患。这是一支经过考验的队伍，他们都是参与了2008年的抗冰抢险和抗震救灾的勇士。

◆ 红岩（长寿）服务队为重庆映天辉公司检测设备状况

刚走进变电站，听着耳边传来的“滋、滋”异响，经验丰富的李欣瞬间警觉起来，这是绝缘瓷瓶放电的声音！映天辉位于工业园区，露天设备表面粉尘污秽较多，加上今天起雾空气湿度大，如果不及时处理，污闪严重击穿瓷瓶，后果将不堪设想。

“必须尽快完成映天辉公司设备隐患处理，保障防疫物资生产。”故障处理刻不容缓，队员迅速完成现场勘察，并制定处理方案。

队伍里的黄琦和罗勇是带电检测“达人”，刚结束上一场“战斗”的他们没来得及休息就来到映天辉，带着测温设备一点点地扫过整个变电站。一边是背上的汗，一边是初春的冷风，队员们忍着不适，打起精神投入到工作中来。

“温度显示异常，同时放电现象明显，两项检测结果吻合，可以锁定就是这6处故障点。”半小时后结果传来，他们通过红外测温及紫外成像两项带电检测精准找到故障点。

调控中心立即响应，1小时内完成了负荷转移和故障隔离，在保证供电的同时，将故障线路停了下来。

“来，我先给你们演示一遍，这个要先去除瓷瓶边缘毛刺……”准备妥当后，李欣系上安全带爬上了设备构架，作为技术指导指挥映天辉检修队伍，开展现场的“设备手术”。检查放电痕迹、清扫设备脏污、修补密封胶……工作有条不紊地开展，曾经发出异响的脏污设备焕然一新。

下午5点，经过8个小时的连续奋战，映天辉110千伏客户变电站瓷瓶污闪故障终于处理完毕。当花映南线重新通电的时候，隔着口罩也能看见大家眉眼带笑。这是胜利的喜悦，也是尽职履责的满足。

“感谢你们的及时帮助，这才没耽误了防疫物资生产！”映天辉设备管理负责人李卫东在现场称赞道。

急难险重显身手

盛夏，是用电高峰负荷时段，也是长寿供电公司工作人员最忙碌的时候。

“康乐制药环网柜检修工作完毕，人员已从作业点撤离，请求恢复送电。”2020年8月3日夜晚，刚完成故障紧急抢修工作的服务队负责人周志伟，向调度汇报任务完结后，正准备离开。

“等到、等到，供电公司的师傅们别着急走！”忙碌了一天的队员们立刻绷紧了神经，“是不是刚送电又跳了？客户不会投诉吧？不会是刚才摸黑踩坏了旁边庄稼，找咱们索要青苗赔偿？……”队员们一个个面面相觑。

借着工程车的近光灯，才渐渐看清是重庆康乐制药有限公司的工作人员面带笑容向队员们走来。

“感谢你们一直以来的支持，加班到深夜为我们完成抢修，平时还为我们点对点服务，让我们避免损失1000多万元。”该公司副总经理李洪麒把一面锦旗交到方鑫手中，感谢服务队帮助企业降低用电成本，及时抢修故障保供电。

这事得从8月2日晚上说起。“喂，供电公司吗？我们厂区专用配电房内的互感器突然发生爆炸，需要你们紧急支援。”正在开展夜巡的红岩服务队接到重庆康乐制药有限公司打来的救援电话，当值服务队队长方鑫带队随即转身，赶往厂区内的故障点。为保证企业的备用发电机能够顺利启动，必须拉开10千伏观福美6号杆刀闸以隔离故障。但由于客户刀闸锈蚀，无法正常拉开。“我上杆！这活我熟。”56岁的服务队骨干、老党员张茂杰主动请缨。老张从事配电运检工作多年，经验丰富、干活麻利，有急活难活一直冲在前面。怎么安全稳妥地把工作干好，他觉得有把握。做好各项安全措施后，老张登杆验电开始作业。湿热的天气让老张眼镜上很快蒙上了一层水汽，他将眼镜摘下来放在嘴边吹了一下，又戴回去，继续干活。反复尝试，半个小时后终于将锈蚀刀闸拉开，隔离了故障，备用发电机顺利启动，企业生产恢复了，厂区照明灯打开了。

除了治标还得治本，虽然线路供电恢复正常，但是受损互感器需立即更换，如果仅靠自备电源生产，每一天都有巨额经济损失。客户自己并没有型号合适的备件，联系厂家订货至少得1个月时间，这个时间企业等不起。为帮助企业快速找到型号合适的互感器，服务队经过多方奔走、电话沟通，终于找到了合适型号的互感器，当天就帮重庆康乐制药有限公司完成了受损设备更换，电力供应恢复正常。

365天，“红马甲”始终守护在园区600家大小客户身边，为他们的安全用电、优质服务等需求殚精竭虑。像这样的案例，还有很多，他们坚持把服务于人民美好生活需要作为工作出发点和落脚点，坚决做到客户在哪里、电网就延伸到哪里，服务队队员就服务到哪里。

惠民服务求精益

2016年12月3日，初冬来临，长寿区各大工业用电负荷不断攀升。位于园区腹地的重庆国际复合材料有限公司一早就开足马力生产，厂区显得格外热闹。一队身着红马甲的队伍向着厂区缓缓而行，在工业园区“冷色调”中显得格外亮眼。

“感谢你们又过来替我们看看用电情况。”重庆国际复合材料有限公司总经理李红缤对上门服务的队员说道。

重庆国际复合材料有限公司主要生产无碱玻璃纤维系列产品，是我国三大玻纤生产基地之一。2016年7月，重庆市政府发布《关于降低电气价格支持工业经济发展的通知》，要求降低工业用电、天然气价格，促进工业结构优化、转型升级。面对新形势新任务，服务队主动积极走访该公司，从能效监控、环保需求等方面入手，对10号生产线的中央空调进行节能改造，年节约电量180万千瓦时，全年节约用电成本100余万元，助力该公司荣获当年企业降价“最惠冠军”，队员们交出了一张降本增效的满意答卷。

“多亏服务队及时周到的服务，给我们讲解了这么多电价政策，分享了这么多‘电红包’。这样我们复工复产也更踏实了。”2020年疫情期间，服务队多次到中国石化集团四川维尼纶厂，了解客户生产状况和用电需求，详细向客户解读政府电价政策、国家电网公司助推企业复工复产30条举措，并帮助客户深入分析电费成本，指导客户用好电价政策。

像这样的惠民服务，红岩（长寿）服务队一直坚持。近年来，他们指导客户科学合理用电，为区内30家重点工业企业、32家成长型工业企业、6家典型工业企业以及191家电价高于0.75元/千瓦时工业企业，“一企一策”定制降成本措施，积极配合市场监管部门做好转供电加价规范清理，帮助企业科学合理降低用电成本。2018年、2019年、2020年分别降低企业用电成本1.22亿元、1.35亿元、0.18亿元。

“该服务队已成为公司服务地方经济社会发展的‘金色名片’。”长寿供电公司相关负责人对这支“金牌服务队”赞叹道，“他们在对园区企业的帮扶中，不断提升获得电力指标，不断提高供电服务温度。”

“三心”服务注入电力能量

——国家电网红岩（忠县）共产党员服务队赋能园区发展纪实

文图／国网重庆忠县供电公司

在长江之畔的重庆市忠县城郊，曾经杳无人烟的山村荒坡，一座座厂房在此拔地而起，车辆川流不息，机器昼夜轰鸣……构成了一幅生机盎然的景象。

忠县工业园是重庆市人民政府批准成立的市级特色工业园区，目前已入驻海螺水泥、天地药业、特瑞新能源、新润星科技等工业企业100家，为忠县经济社会发展注入新的活力。

工业园快速成长的背后，离不开电力供应有力保障。常年穿梭于园区的国家电网红岩（忠县）共产党员服务队，尽心尽力，勤勉工作，为园区发展不断地注入电力能量。

超前服务让客户舒心

2020年忠县地区生产总值427.65亿元，是“十二五”末的1.9倍，地区生产总值增速连续6个季度位居全市第一、12个季度位居渝东北第一。城乡居民人均可支配收入分别40543元、17617元，是“十二五”末的1.5倍、1.6倍。忠县经济这份亮眼的成绩单离不开忠县工业园的强大支撑：海螺水泥年产值突破23亿元，聚融建设、瑞竹纤维等获评重庆市“专精特新”企业。四大产业集群规上工业总产值134.36亿元，产业集中度达97.6%，带动全年实现工业增加值100.8亿元、增长4.3%。

3年前，忠县工业园起步之时，园区的供电仅有政府出资建设的两条10千伏线路，供电能力成为园区发展壮大的瓶颈。忠县供电公司提前布局园区电网建设，主动对接县委县政府、积极争取重庆市电力公司支持。公司成立国家电网红岩（忠县）共产党员服务队为主体的建设攻坚团队，队员们放弃节日休假，在土建施工、线路架设、设备调试的现场，坚守一线。仅用7个月时间，110千伏普乐站正式建成投运，为忠县的招商引资和工业园企业的顺利入驻提供了坚强

◆ 红岩（忠县）服务队在执行保电工作任务

的电力保障。

如今，忠县工业园车来车往、人头攒动……工业园区的医药、新能源、智能装备、资源加工四大产业集群逐渐形成，让忠县的“双特”（特色产业、特色中等城市）发展思路一步一步变成现实，忠县特色工业发展和“产城融合示范区”建设取得阶段性成效。

贴心服务让客户放心

初春三月，寒意仍浓。

横跨长江的忠县乌杨段 110 千伏石海北线上，红岩（忠县）服务队的 20 多名员工，冒着春寒，在 50 多米高的铁塔上紧张作业，他们不时地搓搓冻得有些不灵活的手。

110 千伏石海北线是忠县经济效益最佳、用电量最多的招商引资企业——重庆海螺水泥有限公司的主供线路。该线路由县政府投资建设，穿过崇山峻岭、横跨长江，接至海螺主厂区，全长 24 公里。由于线路战线长、环境条件差，加之维护缺失，如今线路通道障碍丛生、隐患严重，会随时造成故障停电而停产。

“输电线路隐患多，作为电气负责人，我一想到这些事，就十分紧张，有时还整夜整夜睡不着觉。”海螺水泥公司电气负责人陈渝如是说。

经海螺水泥公司持续多年数次向县政府汇报，2021 年 1 月，将该线路正式移交忠县供电公司，理顺了产权关系。服务队立即安排 5 名队员对该条 110 千伏线路实地开展无人机巡视、勘察、检修。春节刚上班，服务队就安排对该线路进行停电检修，7 名队员带着 7 个小组，仅用 3 天时间，就完成 47 基铁塔绝缘子清污，更换绝缘子 12 片、螺栓 36 颗、砍伐树竹障碍 8 处 200 多棵，消除隐患 26 起。

“这条线路的隐患消除，我心头的一块石头也落地了！非常感谢你们为我们解决难题！”望着连续奋战了 3 天的队员们，陈渝连声感谢道。

◆ 2020 年 7 月 8 日，红岩（忠县）服务队为小微企业建配套供电设施

延伸服务让客户安心

“所有党员结束春节休假归队，立即赶赴极达鑫环境科技（重庆）有限公司，确保该公司负压通风设备按时交付武汉雷神山医院。”2020 年 2 月 2 日，红岩（忠县）服务队接到抗疫保电任务后，负责人王世勇迅速下达归队命令。仅用不到 1 个小时，家住忠县的 5 名队员全部归队，迅速赶赴极达鑫公司生产现场。

为了保证抗疫设备能顺利交付，从 2 月 1 日开始，极达鑫公司就开足马力，采用全天 24 小时轮班作业。“按照我们常规的产能，这 88 套设备需要 15 天左右才能完成，而现在要求用 8 天时间完成。”王亚介绍，“公司下料、折弯、切割、装配等生产设备全部满负荷运行，用电负荷成倍增长。我们很担心用电设备极限运行发生故障，不能按时交付设备，影响武汉前线的抗疫大局。”

2 月 2 日一大早，服务队接到保电任务后，第一时间主动联系该公司，并快速组织服务队赶到生产现场，加强配电线路巡察，严密监测变压器温度、电流、电压等配网设备运行情况，严格检查电缆、配电箱等电网设备的运行状态。检查完毕后，安排专人 24 小时蹲守保电，确保极达公司圆满完成 88 套手术室负压通风设备的生产任务。

2 月 3 日晚，第一批 25 套负压通风设备顺利紧急运往武汉雷神山医院。随后，在服务队贴心保障下，后续设备也顺利交付。

3 年来，红岩（忠县）服务队结合工作实际，不断完善服务模式，提升服务水平，围绕客户需求，优化营商环境，为客户量身定制服务方案，降低客户运营成本，实现从“满足需求”到“创造需求”“引领需求”的转变。“我们为客户节约电力投资成本 4000 多万元，节省电费 2000 多万元。”服务队队长王世勇介绍道，园区客户的用电可靠性，从建园之初的 99.75% 提升到 99.96%，电压合格率达到 100%，客户对服务队的满意率也达到 100%。

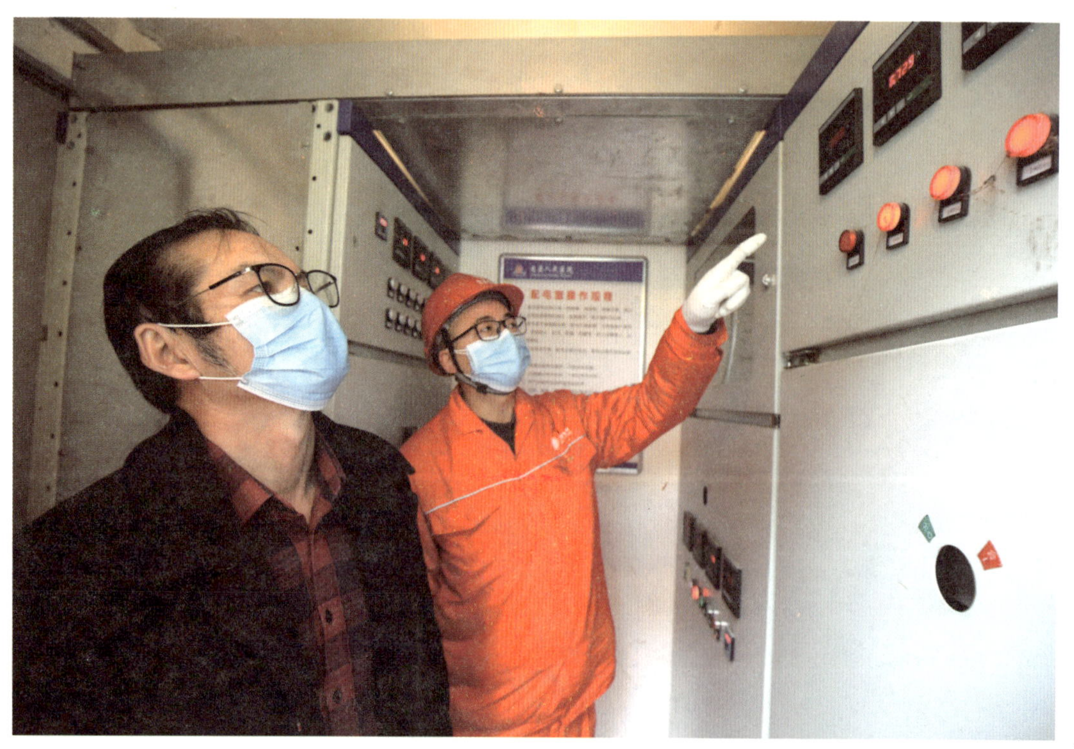

◆ 2020 年 2 月 2 日，红岩（忠县）服务队保障抗疫重点企业用电

党旗高扬，为两江新区高速发展添动力

——国家电网红岩（建设）共产党员服务队推进市重点工程建设纪实

文图／国网重庆建设公司

重庆两江新区，是中国内陆唯一的国家级新区，是重庆发展的主战场、增长极、排头兵。

在两江新区的腹地岚锋村山顶，伫立着一座黄白相间的“吊脚楼”，这便是全国首座500千伏全户内变电站——500千伏金山变电站。

金山变电站可满足重庆两江新区未来10年的负荷发展需求，对区域经济发展具有重要战略意义。“高水平达标投产，力争夺取国家优质工程奖。”国家电网红岩（建设）共产党员服务队队长涂扬对高质量完成工程建设底气十足。

使命担当，迎难而上

2020年春节，突如其来的疫情，使得500千伏金山变电站新建工程复工时间一拖再拖。

没有上级的复工指示，谁也不能开这个口子，这让原计划准备春节后大干一场的涂扬有劲使不出。“明年4月30日前工程要竣工投运。”一想到这点，作为该变电站项目经理、金山临时党支部书记、国家电网红岩（建设）共产党员服务队队长，涂扬就急得像热锅上的蚂蚁。

除了每天关注疫情进展情况，他也将工程任务一次次地梳理，时刻准备着上级下达复工动员令。他明白，干着急没用，要在复工之前做足功课。

终于，涂扬等到了好消息。

2月9日，国网重庆市电力公司召开会议，研究部署疫情防控和复工复产，金山工程作为重点工程将获批重庆市首批复工项目，于2月底复工。要求金山工程不仅要落实落细“一手抓疫情防控、一手抓复工复产”的工作部署，而且还要为重庆市推进复工复产做好榜样。

命令就是责任，更是使命，红岩（建设）服务队整装出发。

因为疫情防控要求，涂扬在工地一待就是两个月。他带领服务队队员编制方案，细化现场管理要求，开

◆ 2021年4月30日，金山变电站正式投运

展防疫应急演练；强化现场防疫管控，划分 5 个党员防疫责任区，并严格分区封闭管理；加强信息报送，建立防疫物资分发统计表、消毒记录表等 8 本台账。随着一项项工作有序展开，工程顺利复工。

金山站复工复产受到了市委领导和公司领导的高度关注。

“要充分发挥党组织战斗堡垒作用和党员先锋模范作用，高质高效完成建设任务，为两江新区提供强有力的电力保障，成为助力该区域经济更大发展的‘靠山’。”陈连凯勉励服务队。

“防疫意识到位、管理精细、措施扎实，要继续加强相关管理，各参建方党员同志要有序组织后续人员安全进场复工，加快金山站的建设速度，争取早日投运服务两江新区社会经济发展。”重庆市委常委对金山站疫情防控和复工复产“双线作战”给予充分肯定。

不忘初心，忘我奋斗

在金山站负 2 楼夹层的电缆室，一位身材娇小的服务队队员认真地与工人们沟通着，对照着工程册子上一个个工程尾期需要“消缺”的项目，她与对方轻言细语地核对需要解决的问题。

她叫颜嘉，是金山项目的电气监理员。2019 年，当工程开工建设时，正在休假的颜嘉不顾家人反对，主动找到党组织，请求参建。支部考虑到她作为一名女同志，现场环境恶劣，婉拒了她。“能参加这样的重大工程建设，对我来说也是一种锻炼和成长。”在颜嘉再三请求下，组织最终批准了请求。

“主变安装精度要求极高”“法兰对接安装量极大”“电缆敷设极难”……面对这些挑战，她没有退缩，而是选择迎难而上。

每天早上 7 点，颜嘉就准时戴着安全帽进入工地，一丝不苟检查工程质量，并做好记录。在这座“吊脚楼”里，从负 2 楼到 3 楼，手机里的软件记录着颜嘉的步数——平均每天超过 2 万步。按照一个小时大约

◆ 红岩（建设）服务队队员颜嘉在检查 500 千伏 GIS 设备安装情况

3400 步计算，相当于她一刻不停走上至少 6 个小时。“那就是我休息的地方，太累了就席地而坐咯！”颜嘉笑着指着室内工地上巨大设备下的空地。

颜嘉曾连续工作近 50 天，如今项目接近尾声，她负责的“消缺”工作压力更是倍增，晚上 11 点回家，算是早的。深夜回家的路上，是她一天中最幸福的时刻。“总说‘人民电业为人民’，夜色里，看到万家灯火，就有了温馨的感觉。把自身奋斗与人民幸福结合在一起，就觉得特别有意义。”她这样说道。

在服务队里，像她这样的队员还有很多。青年党员雷腾原本被调到职能部门，可以不再跑工地了，但他不愿意失去在重大工程中历练自己的机会，主动申请蹲守现场，他对现场工作中的每一件事，大至监理规划编制，小至混凝土试件见证取样，都一丝不苟地认真完成。大学生党员邓博文跟着师傅颜嘉一起穿梭在工地上，铆足干劲，全力攻坚冲刺。他说：“青春就是用来奋斗的。”这句话不只是挂在他嘴边，更是印刻在他的心里。

众志成城，攻坚克难

“服务队队员涵盖了参建单位的建管、监理、施工、设计等重点岗位的党员，我们集合在一起，朝着共同的目标协同前行。”涂扬说。在这里，他们是一

个大家庭、大集体。

在建设过程中，金山工程以“党建 + 电网建设”党建融入中心工作，参建各方共同成立临时党支部，“三会一课”协同解决抗疫复工到竣工验收的各项难题，将不同岗位的队员拧成一股绳。

2019 年 4 月，队员们在开工前审阅挖桩施工方案，发现该方案中无地下水控制的相关措施。由于金山变电站是依山而建，各承台基础处于不同高度，如果施工区域内的地下水控制不好，后期施工会存在严重的安全问题，直接影响施工质量，导致工程无法按期投运。

为了攻克这个难关，服务队主动靠前，积极商讨解决办法。来自设计方的队员李珊珊、王伊渺等人昼夜查阅施工地区气象、水文资料，困了就在办公室的沙发上睡，定好闹钟休息片刻，醒来接着干；来自施工、监理方的队员雷腾、徐颖雪等人不顾雨季道路湿滑，蹚着泥泞前往现场踏勘施工区域的原始地貌，毫不在乎身上被弄得又湿又脏……前行路上多坎坷，但对于一个团结的集体、一个奋进的集体来说，这都不是困难，只是前行中的一种砥砺。

经过多方并肩努力，查勘数据和现场资料很快全部汇集到了一起。服务队又迅速组成攻坚组，连夜攻关、多方商讨，针对施工中存在的塌孔现象，制定出详细的地下水控制施工方案。避免大量地下水进入施工区域，确保了地基处理工作的顺利推进。

“让每一位青年员工成长，让每一位青年员工学有所获。”除了工程建设中能啃下硬骨头，服务队在队伍自身素质建设方面也极为重视。他们结合现场实际工作，积极开展“监帮结合”“师带徒”活动，监理方与施工方结成帮扶对子，互帮互学，实现“一帮一”“一对红”目标。如今，在服务队的帮扶指导下，5 名青年员工考取了专业资格证书，2 名青年员工考取了在职研究生，队伍的战斗得到了进一步增强，飘扬在金山站的党旗也更加闪耀。

◆ 市委领导视察市级重点工程“金山工程”复工复产

电力大数据背后的大智慧

——国家电网红岩（信通）共产党员服务队电力大数据中心建设纪实

文图／国网重庆信通公司

在重庆市能源大数据中心大厅那面高 2.1 米、长约 20 米的电子显示屏上，电力看经济、电力看环保、电力看复工复产等数据不断闪烁。国网重庆信通公司数据运营中心主任、国家电网红岩（信通）共产党员服务队队员段立站立在跳动的数字面前，他的耳边仿佛又听到那声响亮的号角：“运用大数据为提升国家治理现代化而拼搏奋斗。”

“21 世纪将是大数据的时代！”段立常常这样感叹，他和团队立志不负韶华，开启了对大数据蓝海的探索，用电力大数据推动变革发展，建设智慧城市。

用电指数居然能“生钱”

随着能源革命和数字革命的融合发展，能源行业积累了大量的数据，尤其是电力数据覆盖各行各业和千家万户，拥有巨大的应用潜力和价值。

2019 年 4 月 29 日，国网重庆市电力公司数据中心挂牌成立，由国网重庆信通公司数据运营运维中心负责建设。

◆ 红岩（信通）服务队在重庆市能源大数据中心开展电力大数据分析研究

这是一场攻坚战。在深入学习习近平总书记推动实施国家大数据战略讲话精神后，重庆信通公司党委深刻认识到电力大数据建设是时代的重任和央企的责任担当，号召服务队队员坚强理想信念，争当电网先锋。要求以党建为引领，筑牢党支部坚强战斗堡垒，有效挖掘电力大数据价值，用行动争创卓越业绩。

7 月 1 日，一支年轻的电力大数据团队成立，国家电网红岩（信通）共产党员服务队成为团队骨干力量。

段立既是服务队队员，也是国网重庆信通公司数据运营运维中心主任。几张长桌拼凑在一起，接上电脑和打印机，位于调度大楼 15 层的一个角落便成了他们的临时办公室。“党员就要不怕困难，冲锋在前……”重庆电力大数据的建设工作就在这样简单的环境中扬帆起航。

团队年轻，活力十足。室外骄阳似火，室内同样热火朝天。不过，面对着数字产品、数据服务这些陌生的名词，成员们面临的挑战不小。“你们要做到‘干中学，学中干’，这样才能快速成长，才能完成电力大数据建设的重任。”在成立之初的座谈会上，段立作为团队带头人不断给成员们打气鼓劲。

那一年是我国普惠金融的攻坚之年，要着力破解普惠金融服务“不均衡”这块硬骨头，各大银行面临不小的难题。思维活跃的电力大数据建设团队敏锐地发现，以数据为核心，依托全业务统一数据中心，通过分析客户用电信用评级、近两年电费交纳金额、电费结清时间等10项关键指标，建立用户画像，能实现优质客户筛选，帮银行找到优质客户。同时，通过调取客户基本信息表、客户登记表、交费行为信息表、欠费信息表、用电信息表“五张表”，实现电力数据和银行数据线上交互，又辅助银行开展企业经营数据与电力数据交叉验证，助力各类企业融资贷款。

就这样，团队的第一个电力数字化产品——电力信用服务平台浮出水面。

不过，问题也随之而来，电力数据对银行等金融机构而言，完全是陌生的事物。“电力公司？你们是哪里的公司呢？是不是抄电表的？”“你们的电力数据是什么，就是用户交电费吗？”据段立回忆，当团队与银行联系之后，这样的提问曾让他们哭笑不得。“由于信息不对称，我们的前期工作从谈合作变成让银行初步了解电力数据，合作进程很慢，有意向的银行也不知道从哪些方面入手。”

针对银行的需求，红岩（信通）服务队深挖电力信用平台的几大亮点，迅速制定出战略合作方案。一周内，在段立的带领下，团队完成了与工商银行、农业银行等银行的8次会谈，电力数据、电力信用助力金融的思路一下就捕获了金融机构的芳心，国网重庆市电力公司与多家银行迅速达成初步合作意向。

◆ 红岩（信通）服务队在重庆市能源大数据中心对电力大数据进行数据监测

7月31日，重庆电力信用服务平台正式发布运营。工商银行等12家金融机构与平台签订战略合作协议，构建金融机构、电力公司、用电客户三方互利共赢的合作模式，推进电力金融生态链建设，赋能金融服务。

“初战告捷，服务队功不可没！”公司领导评价说。平台一经发布，立即受到企业关注。

重庆海塑建材有限公司便是受益企业之一，通过平台获得了建设银行重庆綦江支行信用贷款500万元。“这个平台太棒了，为企业提供了一条便捷的融资渠道，提高了融资效率，盘活了我们的资金链。没想到用电指数居然能‘生钱’。”该公司副总经理郭召忠既欣喜，又意外。

如果说重庆海塑建材的成功授信是电力大数据价值的初试牛刀，那么，在新冠疫情期间，重庆电力信用服务平台俨然成为抗击疫情、服务复工复产的一把利器。

作为重庆市民生保供重点企业，恒都食品公司复工复产时资金周转出现了困难，向重庆农村商业银行提交了信贷需求。为了早日帮助企业获得贷款，电力信用服务平台利用大数据综合分析该企业生产情况，辅助银行授信评估，顺利帮助企业成功申请1000万元的信用贷款。

“在疫情期间，电力大数据辅助合作银行对接企业达200余家，为20余家企业新增授信约30亿元，并为客户节约融资成本约2000万元，有力支持了企业复工复产。”段立介绍说，该数据产品作为国家电网公司、重庆市唯一数字产品，入选了国家工信部支撑疫情防控和复工复产复课百佳名单，并获评2020年中国智博会“十佳信用应用场景”。

“国网重庆市电力公司深入挖掘电力大数据价值，激发了全市数字经济活力，为全市经济带来新的增长引擎，促进了全市经济高质量发展。”重庆市经信委相关负责人由衷赞叹道。

电力数据的“智慧经”

2019年10月，按照国网公司党组工作部署，国网重庆市电力公司党委启动了重庆市能源大数据中心建设工作，再次任命段立为团队带头人，挖掘能源大数据价值，为政府、企业、社会提供智慧能源服务。

作为国家电网首批能源大数据中心试点建设单位，既没有可借鉴的单位，又没有可借鉴的方法。万事开头难，段立带领团队统一工作思想，下定决心，就算摸着石头过河，也要摸出门道来。

那段时间里，“探索构建能源服务大数据中心”成了段立和队员们脑海里每天都在思考的事情。

他们一方面紧锣密鼓地向政府有关部门请示，深入能源企业调研、走访；另一方面根据政府、能源企业、智慧城市建设等需求，在国网重庆市电力公司党委和国网重庆信通公司党委的指导下，创造性提出了“1+N”市级和区县能源大数据中心建设模式。

段立阐释道：“‘1’就是重庆市能源大数据中心，汇集全市和各区县宏观数据，重点对全市能源生产、消费以及行业发展情况进行宏观监测与分析，辅助政府决策。‘N’就是区县级能源大数据中心，汇集区县宏观数据和用户侧明细数据，并通过数据分析开展商业化运营。”

11月21日，红岩（信通）服务队首先在重庆市铜梁区开展“铜梁区能源数据中心”试点建设。可是，正当试点建设必须快马加鞭提速时，突如其来的疫情却让建设蒙上了一层阴影。段立告诉自己，越是遭遇困境时越不能慌张，他敏锐地意识到，危机既是危险也是机遇，助力铜梁区政府做好疫情防控和复工复产指导工作，不正好可以成为能源数据中心建设的“试金石”吗？

服务队立即行动起来，通过运用电力大数据，研究客户每日电量变化，结合区域特点、行业特征

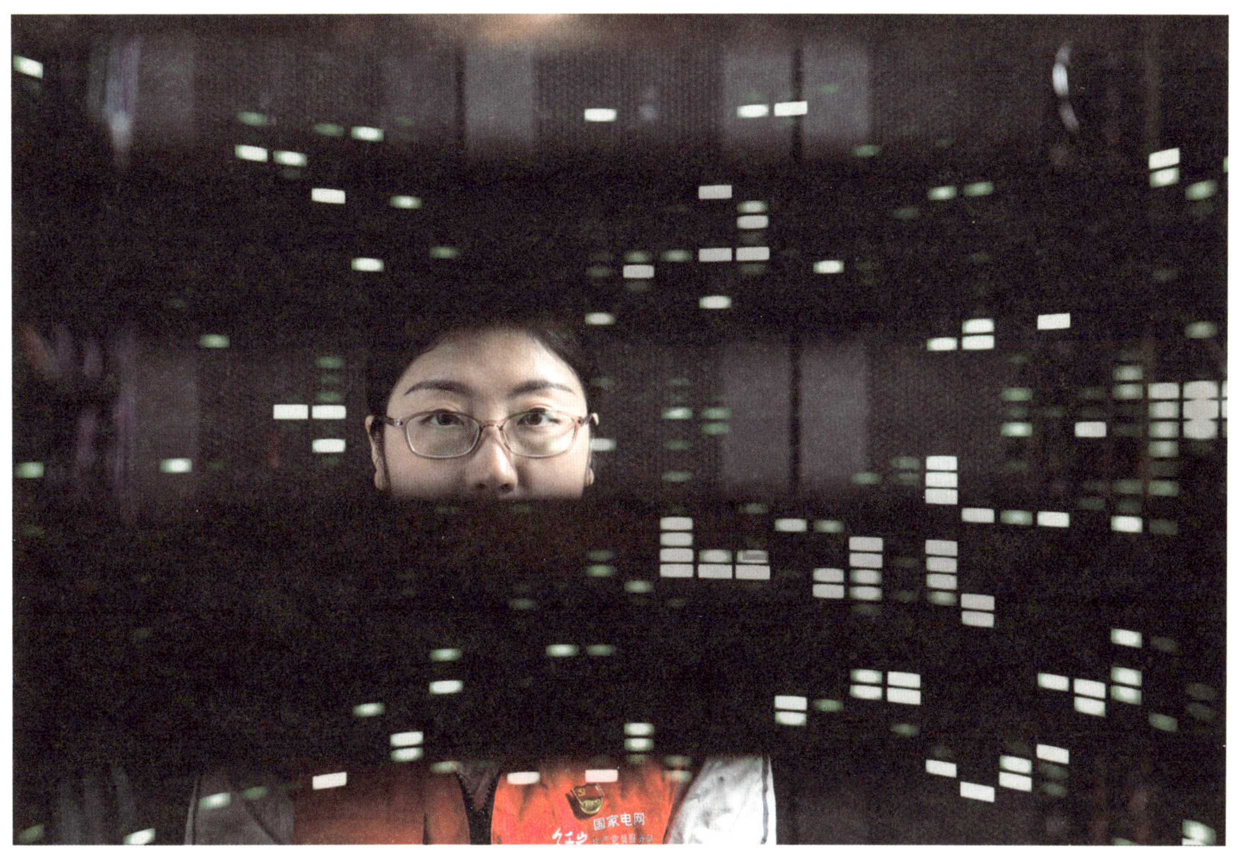

◆ 红岩（信通）服务队在电力信息通信机房对数据设备进行巡视检查

等用电规律，开展大数据分析。“疫情期间，我们重点监测241家企业，出具检测报告50多份。”段立说。报告帮助铜梁区分析能源工业、汽车制造业、电子制造业等各重点企业复工复产情况，正得到逐步有序推进，该地区复工企业数量呈现日环比增幅在10%左右，促进了铜梁区对复工复产后续工作的有力指导。

试点的成功突破，为重庆市能源大数据中心建设全面推进注入了动力。8月13日，重庆市能源大数据中心正式挂牌成立。国网重庆市电力公司董事长陈连凯表示，重庆市能源大数据中心的成立，将有力支撑重庆市能源安全可靠保障、清洁高效利用、产业技术升级、体制机制改革、跨省跨境合作，助推全市能源行业高质量发展，服务全市人民高品质生活。

“未来，中心将进一步激活电力大数据价值，全力支撑公司‘碳达峰、碳中和’行动，以及推动‘电力＋养老’助力乡村振兴，‘电力＋公安’支撑公共安全建设等方案扎实落地。”段立信心十足地说。服务队已经瞄准了新的目标。

“该中心的建设是坚决贯彻落实国家大数据战略的关键举措，也是有效落实重庆市委市政府新型智慧城市建设方案的重要途径。”重庆市能源局相关负责人对大数据中心建设工作给予了高度赞扬。

第三章 · 责任在心

街企联盟，把供电服务做到家门口

——国家电网红岩（北碚）共产党员服务队民生服务纪实

在孩子们的心中，埋下『科学种子』

——国家电网红岩（綦南）共产党员服务队电力科普纪实

『电力画笔』绘出『五彩田园』

——国家电网红岩（大足）共产党员服务队热心为民纪实

让爱在阳光下绽放

——记国家电网红岩（秀山）共产党员服务队队长瞿秀泉

『橙心橙意』，电亮夔州

——国家电网红岩（奉节）共产党员服务队为民排忧解难纪实

第三章·责任在心

点亮一盏灯，温暖百姓心！“人民电业为人民”，这是国家电网的初心和使命，也是重庆电力人时刻铭记在心的责任。

栋栋民居楼里，红岩服务队主动上门，为民排忧解难；生机勃勃的校园里，红岩服务队趣味科普，为孩子们埋下“科学种子”；美丽的山野乡间，红岩服务爱心帮扶，点燃幸福之光……善小而为、善小常为，积小善、为大爱，他们是百姓口中最值得信赖的“电保姆”“电力 110”，更是架在党和人民群众之间的连心桥。他们用行动淋漓尽致地诠释了诚信、责任、创新、奉献，让“服务于人民美好生活需要”的誓言，发出最强劲的铿锵之声。

街企联盟，把供电服务做到家门口

——国家电网红岩（北碚）共产党员服务队民生服务纪实

文图／国网重庆北碚供电公司

20世纪20年代，著名爱国实业家卢作孚先生以北碚为中心，开展乡村建设运动，使这座依偎在缙云山下的美丽小城"皆清洁、皆美丽、皆有秩序、皆可居住、皆可游览"，蜚声海内外。

近年来，北碚区政府通过新旧城区优化、商业提质增效、城市管理精细化等品质建设举措，让如今的北碚老城区既保留了历史特色，又增添了几分现代都市感。

在这些变化的同时，国网重庆北碚供电公司紧跟城市建设，与政府街道党支部开展"党建引领、街企联盟、服务民生、共促发展"结对共建活动，打造红岩服务品牌，用心为民办实事，架起连心桥，共绘同心圆。

为民解难题，老旧小区换新颜

"含烟带月碧于蓝"的嘉陵江水，蜿蜒而来，从北碚区环绕而过，为这座小城增添了诗情画意。

静躺在江畔的朝阳街道，两排茂密梧桐树掩映着道路，行走其间，时光会不由自主地慢下来。朝阳街道位于北碚老城区中心位置，这里建起了北碚的第一条商业步行街。

然而，同许多老城区一样，朝阳街道也面临基础设施破旧老化的困扰，不少住户的电线线径偏小，老旧破损，难以满足居民日益增长的用电需求，满负荷高峰用电期间还有火灾隐患，杂乱多余的表箱，凌乱的线路也影响着小区的美观。

老企业的家属楼，还在转供电。"我们这里两栋楼的居民大家共用一个表，又没有物业，我们轮流挨家挨户去收钱，收齐再交给供电公司，都是些老头老太婆，哪里搞得定嘛。"居住在北大医药家属区的陈婆婆说起以前的困难，面露苦涩。

2020年，北碚供电公司碚南供电中心与朝阳街道建立了"街企联盟"，双方通过结对共建的形式，把双方的工作人员纳入了街道社区的网格化管理。国家电网红岩（北碚）共产党员服务队变身为"社区网格化管理员"，把电网服务做到居民的家门口。

队员李炳泉作为朝阳街道社区的一名网格员，在了解到陈婆婆所在家属区存在用电困难时，主动请缨担任了陈婆婆所在家属区改造的协调员。接下来的几个月里，李炳泉与队员们一起对北碚公司供区内的改造小区现场一边进行反复查勘，一边联系社区了解用电需求，结合各小区实际情况，形成"一区一策"供电改造方案，采取了提高容量、规范公共场所用电设施、架空线路改造入地等措施。

◆ 2020 年 12 月 29 日，红岩（北碚）服务队助力老旧小区换新颜

“真是太感谢你们了，‘蜘蛛网’都消失了，整个街道都宽敞明亮了。”网格员李炳泉在北大医药家属区为居民办理一户一表业务时，李阿姨上前感谢道。而陈婆婆和她的老街坊们也一大早就来到服务台前，乐乐呵呵地排队交资料，亲切地与李炳泉打招呼，就像是自家人一样。

用爱解民忧，特殊学校展笑颜

距离天生路西南大学 7 号门不远处的地方，坐落着一所学校——北碚区特殊教育学校，里面有 95 名患有自闭症的孩子。2020 年 8 月受历史罕见洪水袭击，北碚区特殊教育学校教学楼一楼被洪水淹没。得知情况后，红岩（北碚）服务队队员王婷婷和同事们第一时间赶到学校，现场查勘用电设备的受损情况。

“孩子们都还等着呢，我们要以最快的速度赶过去。” 作为一名红岩服务队队员，同时也是该社区的网格员，王婷婷边走边跟随行的同事说道。由于该校配电房位置较高，王婷婷和同事对相关电力设备进行了停电避险。在随后的两天里，她密切关注学校及周边洪水水位的变化情况，多次实地查勘，随时做好应对意外情况发生的准备。

洪水退去后，王婷婷又马不停蹄地为学校展开用电恢复工作。为确保该校用电安全隐患彻底清除，她经过反复查勘，发现学校存在超高树枝、设备老化、低压电缆浸水受损、低压电缆无通道等多处隐患，于是制作了一套改接电源进线位置、重新敷设新电缆的改造方案。由于该方案需对学校及周边小区进行停电，为不影响孩子们正常上学，王婷婷与施工人员商定，把施工时间安排在了周末。

施工完成后的第二天，特殊教育学校如期恢复上课，操场上孩子们又像往常一样开心地玩耍起来。其中一名孩子高兴地指着队员说道：“我喜欢这个红色衣服。”

“这些孩子不会隐藏自己的情绪，他们的每一个表情、每一个动作都是最真实的呈现，可以看出他们是发自内心的高兴和兴奋，谢谢你们！”该校德育主任贺仲灵说道。

◆ 2020 年 9 月 18 日，国网重庆北碚供电公司联合北碚区朝阳街道开展以“街企联盟 · 服务民生 · 关爱儿童”为主题的结对共建活动，为北碚区特殊教育学校的孩子们送温暖

助企解困境，营商环境提水平

兴国路，在这条短短不到 3 公里的路上，就聚集了 10 家以机械加工、锻造为主的小厂，而其中规模最大的就属以它名字命名这条道路的兴国金科灯具有限公司。从 20 世纪 90 年代到如今，这条小工厂聚集的街道早已过了它最辉煌景气的时光，2020 年年初突如其来的新冠疫情又让这个正值转型期的工业园经受了严峻的考验。

“在这种艰难的时刻，能尽我所能为客户做点事儿，我觉得很有意义。”疫情期间，这是红岩（北碚）服务队队员、老党员孙存毅常说的一句话。

“对的，对的，先把出线负荷断开，再断高压进线开关……封条打好了，给我录个视频，微信发我就可以了，复工前一定要来办理恢复哦！”疫情期间，孙存毅每天都要在电话里重复着这样的话语。

那段时间，让孙存毅最关心的还是兴国路上的几家从事机械加工和玻璃制造的工厂，在平时的沟通交流过程中了解到了这几家工厂的资金链十分紧张，为缓解他们在疫情期间遭受的损失，第一时间便将暂停变压器以节省电费成本的便民服务内容向他们做了宣传。在最紧张的 5 天时间里，他共完成了 137 户客户逐户告知工作，帮助其中 102 户办理暂停业务，累计停用变压器 152 台，共计容量 93870 千伏安，帮助客户至少节约用电成本 225 万元，其中，单是兴国街这 10 家工厂就节约用电成本 53 万元。

2020 年 4 月，随着疫情防控形势逐渐明朗，作为“街企联盟”的网格员孙存毅了解到万寿工业园多家企业准备开工，他第一时间加入到了红岩（北碚）服务队的“助力复工复产‘碚’加努力”专项行动中，主动对接园区内需要复工复产企业，逐一查看企业生产恢复及用电安全情况，及时指导客户根据近期生产安排，选择最节省的基本电费计收方式。按照全业务一站办、全流程网上办的服务模式，为客户量身定制“一企一策”供电方案，采取“线上 + 线下”的服务方式，开展政策宣传和落实工作，并通过用采系统定期监控客户用电情况，及时指导客户申报最合理的合约需量电费，保障复工企业持续可靠用电。

“今年，我们万寿工业园整体转型升级已经提上议程，将结合区位优势和产业优势，重点发展高精仪器制造，打造集物流、仓储全链条一体的新兴工业集群。相信有了电力企业的全力支持，我们的复兴梦想一定会实现的！”兴国金科灯具有限公司的邓步国激动地说。

红岩（北碚）服务队进社区、进企业、进学校，参与社会公益行动，用实际行动践行着“人民电业为人民”的庄严承诺。

◆ 2020 年 11 月 10 日，红岩（北碚）服务队在 220 千伏梅花山变电站应用智能设备开展巡检

在孩子们的心中，埋下“科学种子”

——国家电网红岩（綦南）共产党员服务队电力科普纪实

文图／国网重庆綦南供电公司

“在你的眼里，电是什么？”如果将这个问题抛给重庆市万盛经开区石林小学的孩子们，一定会收获到非常专业的回答。

孩子们之所以对电力能有这么多的了解，是因为国家电网红岩（綦南）共产党员服务队为他们搭起了一座科普连心桥。

“这五年来，我们坚持走进校园，来到可爱的孩子身边，与孩子们一起徜徉在电力知识的海洋里。很开心看到孩子们对电力有这么浓厚的兴趣，更开心能通过这样的方式，将‘科学种子’埋进他们的心里。”队员们由衷地感慨道。

一举多得的光伏发电站

“真的感觉有一点微微的发热哟！”“离近了会不会触电呀？”“太阳光是怎么被它吸收的呢？真神奇”……2017年9月7日，开学后的第一周，万盛石林小学的小朋友们第一次来到刚刚建好的光伏发电站，近距离地感受了光伏发电的神奇之处。

◆ 2017年9月7日，万盛石林小学的小朋友们第一次来到刚刚建好的重庆首个“光伏助学”科普教育基地，近距离地感受了光伏发电的神奇之处

近年来，经济飞速发展，环境问题日益凸显，以光伏发电为代表的各类新能源已经纳入国家发展规划。在重庆境内，已陆续建设了光伏发电场新能源发电设施设备，为更好地普及光伏发电知识，国网重庆綦南供电公司在南桐供电所顶楼建立了光伏发电站，设立发电板12块，每年光伏发电收益无偿用于綦南供电公司辖区“渝电春苗之家”建设及对口帮扶学校部分贫困学生补助。

綦南供电公司先后在綦江升平小学、三江古剑小学、永新乐兴小学、万盛石林小学建立四所“渝电春苗之家”，为留守儿童提供快乐阅读、亲情沟通、文体娱乐、心理咨询服务，每个留守儿童之家配备青少年读物、娱乐器具和文体用品等设施。綦南供电公司各个红岩服务队负责分别对接学校，进行爱心帮扶；

通过开展电力科普活动，让孩子们感受源源不断的光能是如何转化为电能，助力人们生产生活，在他们心中埋下学习科学的种子，树立孩子们的信心，鼓足战胜困难的勇气，建立对美好世界的希望。

暖心陪伴寒门学子

国家电网红岩（綦南）共产党员服务队在建设“渝电春苗之家”过程中，发现对口帮扶学校有 4 名成绩优异、家庭较为困难的学生，萌发了陪伴孩子们成长的想法。

来自万盛山区的女孩小娟，一家 5 口人挤在破旧的 2 间土墙房内，奶奶失明，父亲患有严重骨质增生，丧失大部分劳动力，全家收入仅靠母亲务农，哥哥还在求学。家庭的窘困并没有压垮她，小娟学习成绩优异，懂事的她还时常帮助母亲干农活。2014 年 7 月 3 日，了解到小娟因家庭贫困，就连每学期学费都只能靠亲戚接济的情况后，服务队与小娟班级任课教师和学校负责人对接，与她建立长期帮扶关系。小娟成为了綦南供电公司“点亮求学梦”公益活动首位资助对象。

随后的时间里，队员们一直陪伴在这 4 名寒门学子的身边，为这些贫困的家庭重拾信心和希望。端午节，队员们陪伴着包粽子；开春时，为其家庭脱贫之路出谋划策；学业忙碌时，为他们送关爱，加油打气；生日时，队员们围绕在身边，点燃烛光，一起共唱生日歌……一点点的陪伴，一次次的关爱，让孩子们一步步坚定自己的求学梦。

“牛牛，来和姐姐玩翻花绳，姐姐会的花样一定比你还多。”队员们常常与孩子们交谈，叮嘱他们安心学习，快乐生活。多年的鼓励和陪伴，让孩子们更加从容应对升学压力，3 名学子如愿考入重庆首批重点中学——重庆市綦江中学。

◆ 红岩（綦南）服务队和孩子们在一起

“电力安全课堂”开讲啦

“同学们，今天班会的‘第一课’是安全用电小知识……”2020年12月29日，在乐兴中心小学三年级一班的课堂上，红岩（綦南）服务队以“安全用电知识”为主题，向小朋友们提出了问题：“日常生活中有哪些安全用电常识？”

“我知道！我来答！”在场小朋友纷纷踊跃高举着小手回答，其中一位小朋友脆生生地直接说道：“雷雨天不要在树下躲雨，弄湿的手不要去触摸插线板和电器！”在鼓励了积极作答的小朋友后，队员们生动形象地为在场的同学们讲解起了各种安全用电注意事项。

“学校电力安全一直在我们的重点关注范围内。”綦南供电公司相关负责人介绍道。到了每年开学季、寒暑假前夕等关键时间，服务队就会主动上门，不仅运用专业技术对山区学校的电力安全隐患进行排查，还会与师生们开展丰富多样的电力安全知识互动。

在安全用电知识普及活动中，服务队提前制作了趣味十足的“安全用电、节约用电”动漫宣传片、农村安全用电宣传小册子，还编写了简单易学的安全用电顺口溜教孩子们诵读。同时，通过家庭用电模拟小游戏和用电知识小测试，让孩子们快速了解电的基本知识、电的重要性以及如何安全用电、节约用电等等，提升孩子们用电、护电、节电意识，让孩子们在轻松的授课环境中，将家庭用电安全常识熟记于心，并在日常生活中熟练运用。

“家庭生活用电电压为220伏，干燥的木凳子是绝缘体。”通过服务队讲课后，四年级学生王璐瑶能清楚地说出生活中一些安全用电常识。“我要把小册子带回家给爸爸妈妈看，这样我们才能健健康康地在一起。”小璐瑶将服务队颁发的“电力安全小小宣传员”徽章挂在胸前，兴致勃勃地当起了村里的电力安全宣传员。

◆ 2020年12月29日，红岩（綦南）服务队在乐兴中心小学讲解安全用电知识

“电力画笔”绘出“五彩田园”

——国家电网红岩（大足）共产党员服务队热心为民纪实

文图／国网重庆大足供电公司

2021年3月10日，跟随国家电网红岩（大足）共产党员服务队走在拾万镇长虹村乡间的公路上，春天的气息随着油菜花香扑面而来。田野里，电杆笔直挺拔，电线排列整齐，支撑着坚实的电网越过山丘去向远方。

蜿蜒的公路两旁，农家小楼的彩绘墙上空调有序地转着，院坝里洗衣机正有力转动着，农户观看电视节目传出的嬉笑声阵阵回荡。当天色渐暗，村道旁夜灯灿若星河，万家灯火星罗棋布。稻田里蛙声一片，山岳间繁星点点。村民在自家院子里，围上一桌，品一口好茶，谈一段往事，其乐融融。

银线赋能连万家　乡村振兴共富裕

驱车走进大足区拾万镇长虹村水稻基地，小路蜿蜒平整，农家庭院错落有致。田园风格的涂鸦，五彩斑斓的稻田，无不让人流连忘返。这里是被誉为“大足粮仓”的拾万镇长虹村，袁隆平教授团队在此打造的“五彩田园”，每年都会吸引大量游客前来观光打卡。

为提升拾万镇供电能力，国家电网红岩（大足）共产党员服务队第一时间完成了长虹村13台老旧变压器、15.6千米线路的改造，户均容量由1.8千瓦提升到4.2千瓦。同时，对配网结构、布局进行优化，缩小供电半径，提升供电稳定性、可靠性，使得供电线路与基地建设相得益彰，为基地建设提供了坚实的电力保障。

“以前，我们村地理位置偏远，交通不便，经济贫困落后，农网改造后，村民纷纷组织起来开办种植、养殖企业，开设农家乐。”该基地负责人程先生说道，“我们9月16日还要举办第一届‘五彩水稻节’，打造最美乡村。”

保障节会用电意义重大，了解到该基地的节会用电需求情况后，大足供电公司立即组织红岩服务队，主动对接基地负责人，策划用电方案，仅用6天就完成了一台200千伏安变压器的报装申请和安装。

一大早，天还蒙蒙亮，队员张跃海就来到“五彩田园”专变验收现场，再次对新增的变压器施工工作进行检查。几天内，他已经不记得自己反复来了多少次。“为了保证活动用电，我们要确保万无一失，不放过任何一点细节。”话音刚落，张跃海就绕着变压器一圈圈仔细检查起来，确保基地“五彩水稻节”顺利进行。

火爆的乡村游让当地农家乐老板乐开了花。“以前从来不敢想象那么多人来到我们这个乡村里。开幕式那天，我的农家乐接待了300多人。幸亏电力充足，

◆ 2020 年 7 月 19 日，红岩（大足）服务队在袁隆平五彩田园宣传安全用电常识

家里空调、电磁炉、电饭煲、电热水壶都用起的，用电没有一点问题，要是在以前，电早就停了。”农家乐老板谷生兵由衷地感慨道。

第一届“五彩水稻节”活动期间，吸引了超过 10 万人次游客。服务队通过提前入村对接用电需求、检查用电设备线路，8 名队员现场值守，保障了活动圆满成功。

“从基地建设初始到现在，供电公司总是赶在最前面为我们服务。”长虹村书记杨乃梅介绍道。

电工加入微信群 贴心服务暖人心

在抗击疫情的过程中，社区网格化管理经受检验并逐渐成熟。红岩（大足）服务队积极应用“互联网＋”，主动加入长虹村微信群，融入社区网格化管理，畅通村民反映用电安全隐患信息渠道，高效快捷排除隐患，同时对排危情况进行后续跟进，零距离服务群众。

2020 年 8 月的某天，队员王茂在长虹村微信群中接到反映，一棵树木倒在了该村思楠 2 号台区 0.4 千伏线路上。正值晌午，气温高达 38℃，台区居民家中断电，电扇、空调等无法运转，酷暑难耐。为了尽快处理树障，保障居民正常用电，王茂立即组织人员进行抢修。

为保障线路不被损毁，经现场抢修人员商议后，决定通过嵌入钢钉连接绳索，将树干缓慢吊至路面进行清理。

“一二三、一二三……”倒在线路上直径约 40 厘米的巨大树干被用力打入钢钉，通过绳索与山间的另一棵大树连接，以防止它继续倒塌损毁线路和下方的民房。经过 3 小时的抢修，树障被清理完毕，线路恢复供电。

为保障配网安全可靠运行，服务队成立“清障”

党员攻坚小队，制订详细的清障计划，通过数据监测、电话访问，及时筛查雷雨、暴风、高温造成的安全隐患。

同时，红岩（大足）服务队还开展“一带一”专项活动，将11名队员与全镇下辖11个村委进行“1+1结对”，通过村社微信群，提升服务效率和服务质量。此外，队员们走村入户，开展“网上国网”APP宣传，细致讲解查询、缴费、新装用电、变更业务等功能，让农民足不出户交电费。

“他们还会定期在群里发布安全用电提醒，偶尔还拉拉家常，实在贴心。”村支书杨乃梅欣慰地说，现在群里有了电网员工的加入，不管是反映用电情况还是咨询用电信息，都非常方便。

护航春灌金黄季　美丽乡村迎客来

每到灌溉季、收割季，在长虹村的田间地头，肯定能看到电力员工在忙碌。巡视线路、检查用电设备、指导农民正确使用各类灌溉用电设施、讲解安全用电知识，获得村民交口称赞。

长虹村地势平坦，土地富硒富锶，该基地采用优质稻、油菜轮作模式，前一年统一旋耕、开沟、播种，3月赏花，6月收油菜籽，接着轮作晚稻。2021年2月，春灌时节，气候干旱，雨水较少，数百亩油菜花在缺水状态下打蔫着脑袋。村民们担忧着全年收成大幅下降，渴望着天降甘霖。

“喂，供电所吗？我是长虹村村民。我们油菜花基地急需引水灌溉，但是抽不出来水啊，你们能不能过来看看。”2月27日，在接到长虹村求助电话后，服务队迅速来到了油菜基地。原来，雨水不足导致油菜生长缓慢，眼看成片的油菜快要旱死田中，看得实在让人心疼。而村里的电灌站设备年久失修，已不能正常使用。了解情况后，队员们立即钻进了电灌站，对设备进行初步检查，查明了损坏原因。指导村民采购相应的零配件，义务进行调试和更换。经过近3小时的忙碌，电灌站内机器重新轰鸣起来。只见水雾弥漫，自喷管中喷出的水花形成一道道雨帘，洒向成片

◆ 2020年8月7日，红岩（大足）服务队清理树障、恢复供电

的油菜田。

红岩（大足）服务队还发挥网格化管理的工作优势，春灌期间兵分两路，对农村用电设施细致检查，重点对变压器、配电线路、电力通道和机井电力配套设施涉及的开关、配电柜、计量装置、漏电保护设备等认真排查。强化农排供电消缺和设施维护，针对发现的隐患和存在的问题及时整改治理，保证设备处于健康状态。

三月的长虹村，油菜花重新焕发活力，盛放的油菜花犹如一片金色的海洋，为美丽乡村添色彩、增诗意，吸引了不少游客在这里游玩、采风。

“老大爷，近期是灌溉季，要注意正确使用灌溉设备，遇到用电问题一定要拨打95598服务热线哟。”队员罗睿一边嘱咐着，一边将安全用电宣传单递给了村民。他是服务队的一员，也是长虹村的电力网格管理员，更是长虹村的常客，因他耐心细致的解释叮咛和随和的态度，被村民亲切称为“小喇叭”。

“我是一名国网公司员工，更是一名党员，希望通过我们的实际行动，能让村民用上安全电、放心电，过上现代化的新生活。”罗睿说道。

可靠的电力，周到的服务，有力助推了长虹村的乡村旅游产业发展，为村民的创收致富提供坚强支撑。2020年以来，长虹村通过“足硒大米”公益拍卖会、五彩家宴、田园快闪、春米体验等10多项主题活动的开展，吸引前来“打卡”的游客人数多达42万人次，旅游收入达1.26亿元。乡风文明、生活富裕、科技现代的“五彩田园”一派欣欣向荣，迈出了昂首前进坚实的步伐。

◆ 2021年3月18日，红岩（大足）服务队保障乡村旅游节庆活动供电

让爱在阳光下绽放

——记国家电网红岩（秀山）共产党员服务队队长瞿秀泉

文图 / 国网重庆秀山供电公司

瞿秀泉有三个身份：国网重庆秀山供电公司运检党支部书记、国家电网红岩（秀山）共产党员服务队队长、“秀山阳光爱心小组”发起人。

“他总能给人带来温暖。”说起瞿秀泉，身边的人如是说。工作中，他守岗尽责，为千家万户送去光亮；助学路上，他爱心满怀，为一个个山区寒门学子带去希望；服务队里，他传承善举，感染更多队员加入爱心小组。

2021 年 4 月 15 日，在重庆市脱贫攻坚总结表彰大会上，瞿秀泉荣获重庆市脱贫攻坚先进个人。

◆ 瞿秀泉和小组成员在小银凤家中，第二排（左一）为瞿秀泉

初心不改，爱心助学见实效

重庆市秀山县位于武陵山区中心腹地，2017年11月前，是国家扶贫开发工作重点县。这里属于集中连片特困地区，又是少数民族聚居区、革命老区，贫困面大，贫困度高。脱贫摘帽前，因家庭经济困难无力承担教育支出，许多成绩优异的寒门学子面临辍学。

“1987年我上初中那会儿，班上有个同学成绩名列前茅，但因家庭困难读不起，当时我就想找同学一起帮帮他，最后还是因为自己年纪小，没拿得出具体的行动。要是当时帮上忙，这位同学的人生道路也许会截然不同。”这件往事给瞿秀泉心里留下不小的遗憾，但也在他心中埋下了爱心助学的种子。

1993年7月，高中毕业后的瞿秀泉进入国网重庆秀山供电公司工作。他从事过抄表、检修工作，服务的对象是山区村民。上山下乡，穿梭在乡间，他真真切切感受到了贫困地区“只见房梁，不见瓦片”的贫穷景象。

“最让我难以接受的就是，那些成绩优秀的孩子因家境贫寒而辍学。”捐资助学的想法在瞿秀泉的心中越发强烈。

2005年，在一次和朋友的聚会上，瞿秀泉将自己的切身感受说给朋友们听，并表示想用自己的力量帮一帮这些寒门学子。“希望大家每天捐助一元钱，去帮助那些面临失学的孩子，让他们看到希望。”这一想法当即得到了在场朋友的认可和肯定。随后的16年来，阳光爱心小组成员发动自身资源，通过身边朋友和学校推荐，获取资助学生名单，确定资助对象。

小启军是“秀山阳光爱心小组”资助的第一个学生。2006年9月，瞿秀泉来到溶溪镇老田村了解贫困学生情况，在路上遇见了小启军的父亲。“瘦弱的

◆ 秀山阳光爱心小组成立十一周年留影

肩上担着50公斤煤炭，每日往返煤山与烟厂3趟，只为了能给孩子多挣点学费，这位40来岁的男人看上去却像60多岁。”他至今仍记得当时的场景。

小启军父亲的执着精神让瞿秀泉深深震撼。回途路上，瞿秀泉向小组提议资助小启军上学的想法。

从那以后，小启军就多了一个哥哥。在“秀山阳光爱心小组”的帮扶下，2007年他顺利考上重庆交通大学。大学毕业后，小启军到中铁十四局参加工作。提起瞿秀泉，小启军哽咽着说：“没有他，就没有我的今天，他就是我的亲哥哥！”

为了把资助款项真正用到实处，用到助学刀刃上，对每一个资助对象，“秀山阳光爱心小组”都坚持每月将生活费亲自送到学生手中，以便及时了解学生最近的学习和家庭情况。到2006年年底，“秀山阳光爱心小组”已资助13名贫困学生。

助学扶志，“朋友式”捐助暖人心

慢慢地，“秀山阳光爱心小组”资助的学子数量多了起来，这让瞿秀泉对爱心助学事业产生了新的思考。

“有的孩子自尊心比较强，会将物质帮扶当成施舍，产生强烈的抵触心理。也有部分家长认为，我们无偿帮助他们的孩子，是不是对孩子有所企图？这些现象不利于小组开展爱心助学。”瞿秀泉认为，真正的帮助要以平等的身份走进孩子的内心，消除家长的顾虑，让他们真切地感受到来自社会的爱，用“朋友式”的关系，帮助贫困家庭树立战胜困难的信心和勇气，为孩子们塑造积极向上的学习氛围和生活态度。

小银凤是爱心小组早期资助的一名学生。在其幼儿时期，父母亲先后离世，她与弟弟只能和体弱多病的爷爷奶奶一起相依为命，家庭十分贫寒。因为拿不出每月的生活费，15岁那年，成绩优异的小银凤面临辍学困境。

得知这个消息后，瞿秀泉走了两个多小时的山路，来到小银凤家，见到了衣衫褴褛的小银凤和年迈的爷爷奶奶。

“小银凤，你现在是家里的顶梁柱，爷爷奶奶年纪大了，还盼着你长大后为他们养老呢，可不能轻易说放弃。生活费这些你先别担心，我先帮你出！”

“瞿叔叔，我不能平白无故要你的钱！”

“小银凤，这是资助你上学读书的专项费用，希望你健康快乐的长大，以后有能力了就去帮助更多像你一样的小朋友。”

“要得，瞿叔叔，不，我要喊你瞿爸爸，你就跟我亲爸爸一样！”

临走时，瞿秀泉对小银凤的爷爷奶奶说：“银凤考上大学的那一天，我会来为她祝贺。”从此，小银凤多了一个爸爸，而瞿秀泉也多了一份牵挂。

每个月，瞿秀泉都会到学校去看望小银凤。“以前，我很羡慕别的同学有爸爸妈妈，现在，同学们都羡慕我有瞿爸爸。”小银凤脸上洋溢着幸福的笑容。

2012年8月，小银凤在瞿秀泉和爱心小组的关心资助下收到了西北民族学院的录取通知书。8月25日，瞿秀泉信守诺言，再次徒步两个多小时来到小银凤家，与她的家人一起分享她考上大学的喜悦。2013年，小银凤的弟弟也在爱心小组的资助下考上了北京理工大学。

“曾以为失去了爱，失去了温暖，但在这里我找到被疼爱的感觉，没有了心理负担，也能安心读书了。”与小银凤不同，受爱心小组资助的小桃由养父一人带大，父女俩主要靠种地、养牛勉强维持生活。

在爱心小组的帮助下，小桃2019年顺利考入重庆移通学院。按照“秀山阳光爱心小组”的相关规定，一个贫困学子考上了大学，可以凭自己的能力勤工俭学，就会停止资助。

2021年初，不幸却再次降临到了小桃身上。她的养父突然患病身体偏瘫，每月需要一笔固定的护理费，家里靠她勤工俭学的收入仍然入不敷出。瞿秀泉与爱心小组成员商议，决定恢复对她的捐助。

“按照小组规定，每月给予小桃最高标准600元的生活补助。但是我自己女儿也在读大学，我清楚

◆ 瞿秀泉在秀山县膏田镇茅坡村为袁福明兄妹辅导作业

600元肯定不够的。”瞿秀泉细细算着孩子上学的开支，最后决定除了爱心小组600元的生活补助费外，他还对照自己女儿的生活费标准，自掏腰包补齐了小桃每月的生活费，让她能够安心在学校完成学业。

“还有两年这个娃儿就大学毕业了，再难也只是这两年嘛，咬咬牙就过去了。”面对经济支出增加的压力，瞿秀泉总是这么安慰自己。

薪火相传，在坚持中播种希望

随着时间的推移，“秀山阳光爱心小组”捐资助学的首批资助学生走上工作岗位，他们将这份爱心事业传承了下去。大学毕业后，小启军就成为了“秀山阳光爱心小组”的一员。小银凤毕业后，在铜仁七中担任教师，姐弟俩每月会定期给爱心小组汇寄一笔资金，帮助更多的寒门学子。

“每位受到资助的孩子，就是一颗充满爱的种子。无论飘到哪里，都会生根、发芽、开花。”在瞿秀泉的影响和号召下，“秀山阳光爱心小组”从创立之初的5名固定成员增加到现如今79名，不固定成员达300多人。从秀山辐射到新疆、杭州、广东，山东等地区，从“朋友圈”辐射到全社会。

从2006年至今，“秀山阳光爱心小组”累计资助学生65名，累计资助金额50余万元。被资助的学生中54人考上大学，46人走上工作岗位。目前正在接受资助的学生12名。

“也有人问过我，爱心助学会停下来吗？我的回答是，一直到没有贫困学生那天！”瞿秀泉语气坚定地说，有一份希望，就有一份力量，他会不断前行在这条路上，让爱在阳光下一直绽放。

但行好事，莫问前程。多年来，红岩（秀山）服务队坚持传递爱心、让爱行走，感召公司更多人加入其中；坚持组织“渝电春苗之家”“光束行动”等公益活动，在生活和精神上为贫困学子带去光明与希望。

“以前微弱的烛光，因你们的到来，换上了通明的灯光。以前的点点滴滴只能藏在内心深处的记忆里，现在长大了，可以走你们一直在走的爱心‘路’。”一位曾经受助的学生这样对队长瞿秀泉说。这位学生的话更加坚定服务队的信念，他们始终坚信这粒爱的种子会飘向远方，生根、发芽、开花、结果。

“橙心橙意”，电亮夔州

——国家电网红岩（奉节）共产党员服务队为民排忧解难纪实

文图／国网重庆奉节供电公司

在重庆市奉节县，只要说起身穿红色马甲、肩佩“橙心橙意”标识的国家电网红岩（奉节）共产党员服务队，可谓是家喻户晓。“他们是我们真正的‘电保姆’。”曾经接受过服务队服务的客户说。

成立于2012年的红岩（奉节）服务队，围绕“用心、热心、贴心、恒心、放心”的“五心”服务，在疫情防控、助力复工复产、电网建设、重大保电、抢修抢险救援等急难险重任务中，充分发挥先锋队、主力军作用，诚心赢客户、诚意送服务，将电力优质服务“甜蜜产业”渗透人心，让“橙心橙意”的特色服务深入人心。

解决后顾之忧

2020年5月，中共奉节县委组织部、奉节县财政局、奉节县扶贫开发办公室3家单位为全面贯彻国务院办公厅《关于深入开展消费扶贫助力打赢脱贫攻坚战的指导意见》，统筹抓好“战疫”与“战贫”，促进贫困户果农增收，巩固脱贫成果，联合部署在全县开展脐橙消费扶贫行动。

国家电网红岩（奉节）共产党员服务队立即到县、乡镇开展活动。当得知村民柳成林家所剩脐橙多，且无劳力采摘时，服务队便主动请缨，赶往其家中。

柳成林是奉节县安坪镇下坝村的贫困户，妻子务农，两个孩子还年幼，家中主要收入都指望着那几亩脐橙树。由于疫情的影响，原来不愁销的脐橙也成了滞销货，柳成林家还有2万多斤脐橙挂在树上。全年一半的收入眼看就要泡汤，加之柳成林春节刚过，便远赴浙江务工，这让留在家里的妻子急得团团转。

村社干部看在眼里，急在心里，紧急将情况上报乡镇，寻求帮助。

服务队的到来，让柳成林一家看到了希望。“我们马上成立了销售团，组成了采摘队、装箱队、搬运队、运送队，各司其职。”服务队队长王兵回忆，销售团立即通过朋友圈、电话等多种形式，发动单位职工、亲朋好友采购，短短3天时间，订单就达到2.1万斤。那几日，鲜艳的红岩服务队队旗在碧绿的脐橙树下迎风招展，橙黄的服务队队服在田间、果林间格外醒目，队员们忙碌的身影像一个个跳动的音符，为柳成林一家奏响了希望之声。

当服务队将6万多元的脐橙销售款交到柳成林妻子手中时，她有点不敢相信自己的眼睛。本以为会烂掉的果实短短几天变成了钞票，她喜极而泣，激动得说不出话来。千里之外的柳成林得知家中的脐橙在服务队的帮扶下销售一空时，专门给王兵发来

◆ 2020 年 5 月 18 日，红岩（奉节）服务队帮助果农柳成林采摘、销售脐橙

了短信：“感谢服务队，多亏你们帮忙，解决了我的后顾之忧。”

“不用谢，这是我们服务队应该做的。你安心挣钱，家里有什么问题，交给我们解决。”王兵短短的几句回复，道出了服务队所有人的心声。

红衣服来了，这下有电了

2020 年 2 月 6 日，奉节县兴隆镇下了一场很大的雪。这是一个位于奉节县南部的乡镇，与湖北省太阳河镇接壤，位置较为偏僻。

“是供电所吗？我们村张秀英家里没电了，他的两个儿子都在外务工，家里就只有她一位老人，麻烦你们来处理下。”当天中午，红岩（奉节）服务队接到了来自该镇五坝村村委会的电话。此时，队员们手中的午餐还未吃上两口。

事不宜迟，队员们立即开车赶往兴隆镇。服务队的车在厚厚积雪的道路上行驶了近 2 个小时，才到达张秀英居住的山脚下，还要走近 2 公里的山路，才能到达张秀英家中。被积雪覆盖的小道没了踪影，队员们只能在漫过脚踝的积雪中艰难前行，跌倒了互相搀扶一下，爬起来又走。汗珠从额头冒出，敞开衣领瑟瑟的寒风又不停地往衣服里钻。

队员们老远就听到老人激动的声音：“红衣服来了，红衣服来了，这下有电了！”经检查，原来是老人家中的空开跳闸。队员仔细检查了老人家室内线路和用电设备，消除了隐患，将空开合上，为老人送上电，同时，手把手教老人操作开关。

“老人家，现在是疫情防控期间，这段时间尽量少出门、别聚会、勤洗手、戴口罩。家里用电遇上什么问题，可以请人帮忙通过‘网上国网’APP，在手机上向我们反映。”服务队队员提醒道。

“感谢你们，这么冷的天，这么远的路，我以为你们不会来了。”张秀英一边道谢，一边说道。

“放心，只要有报修，路再远，我们也要来。”队员们对张秀英说。

疫情防控期间，红岩（奉节）服务队冲锋在前，全体员工始终奋战在供电服务保障第一线，抢险抢修近 200 次，驻点蹲守 3 家定点医院 1 家口罩生产厂近两个月时间，完成政府 22 个隔离点、40 个疫情检查站、6000 余处疫情监控点安装接电，守护着人民生命安全，为千家万户送去光明与温暖。

◆ 2020 年 2 月 6 日，红岩（奉节）服务队在暴风雪后，清除线路故障，战疫情保供电

黑夜抢修送光明，迎接挑战显担当

2020 年 3 月 5 日的夜晚，对于其他人而言是一个再普通不过的夜晚，而对于服务队竹园小分队来讲，却是一个紧张而又有意义的夜晚。

"柳所长吗？刚才好吓人哟，砰砰砰几声后，我们这一片的电都停了，快去帮忙处理一下。"当天 17 时 30 分左右，一名客户焦急地跑进竹园供电所所长、服务队队员柳发伟办公室。

"好，我们一起去看看。"柳发伟和同事快速赶到事发地。经勘察，是竹园 3 号公变烧坏，必须更换。

看见供电员工来了，附近的居民们马上围了过来，"我娃儿读高三，明天一早就要上网课，请你们帮忙尽快处理一下。""家有老人，停电了很担心他们的行动安全。""我也是……"其实，就算老百姓不说，柳发伟心里也很清楚，竹园 3 号公变容量 400 千伏安，共有用户 500 多户，电力需要牵着每家每户。

"请大家放心，我们马上组织抢修尽快复电，你们快回去吧，现在是疫情关键期，不要扎堆。"柳发伟当即承诺道。

柳发伟嘴上虽这样说，但他心里也在打鼓，因为目前供电所内值班人手不够，必须把轮休的人员调回，而且所内没有大容量的变压器备用，必须到奉节县城去调运。

时间一分一秒过去，快速恢复供电就是任务。柳发伟一边组织人员做好抢修准备工作，一边通知正在休假的副所长、服务队队员胡兵在县城调运变压器等设备。

"竹园 3 号公变烧毁，需要更换，请所有队员马上回到供电所，今天务必恢复供电！"工作微信群里，柳发伟发出集结号。"行，马上到！""好的，现在就出发！""已经在赶回来的路上！"……一条条回复接踵而至。

当变压器运到现场时，已是晚上 9 点多。由于安装变压器的位置在院坝内的高坎上，离最近的下车点还有 40 多米的距离，必须人工将 3000 斤的"大物"搬运过去。

人工搬运变压器途经一条 10 多米长的步行梯道，梯道杂草丛生，这给搬运提出了难题。"再难、再重，我们也要咬牙搬过去！"柳发伟斩钉截铁地说。队员们推的推、拉的拉，合力将变压器往前搬运。10 多名群众自发赶来帮忙，联手将变压器搬运到了安装位置。

◆ 红岩（奉节）服务队正在抢修

停电、验电、挂接地线、登杆作业，一切工作紧张有序地展开。汗水顺着队员的脸颊往下滴，每个人的衣服都已经湿透了。3 月 6 日零时 15 分，变压器更换完成，供电恢复。

茫茫黑夜里，千家万户的灯火重新点亮，如同夜空繁星倒映。仍挂在队员们脸庞上的汗珠，在这抹灯色的照射下，显得格外明亮。

第四章 · 担当于行

加速！只为口罩生产线早一秒通电——国家电网红岩（市北）共产党员服务队抗疫保电纪实

迎难而上战洪峰，红星闪耀扬旗帜——国家电网红岩（市南）共产党员服务队抗洪抢险纪实

守护电力大动脉，直面烈火显英豪——国家电网红岩（南川）共产党员服务队守护特高压通道纪实

五十三天逆行追光——国家电网红岩（万州）共产党员服务队抗疫保电纪实

传承红岩精神，护航骨干电网——国家电网红岩（检修）共产党员服务队护网保电纪实

第四章·担当于行

急难险重做先锋，危急关头勇担当！在重庆这座英雄的城市里，站在烈士英勇战斗过的土地上，重庆电力人传承红岩精神，发扬光大。疫情来袭、洪峰过境、火灾险情……当一次次突如其来的特大自然灾害和重大事件危及人民生命和电网安全时，红岩服务队总会挺身而出，直面险情。

疫情面前，毫无畏惧踏逆行；洪水面前，水退人进保通电；大火面前，火焰不灭人不撤……他们是党和国家领导人赞扬的“人民生命安全的保障者”，他们也是人民群众“最满意的服务者”。

加速！只为口罩生产线早一秒通电

——国家电网红岩（市北）共产党员服务队抗疫保电纪实

文图／国网重庆市北供电公司

2020年初春，疫情突如其来，党中央迅速决策部署，一场众志成城抗击疫情的战役打响！

口罩，作为抵挡病毒的第一道防线，需求量爆发式增长。供应告急，众多的口罩生产企业立即结束春节休假，提前复工，全力以赴投入到生产之中。

重庆莱诺医疗科技有限公司（以下简称“莱诺医疗”）为提高口罩的产能，新投5条生产线，全力运转能以每天60万只的最大产能发往全国各地。

要让5条生产线拥有充足动能，电力的保障就显得尤为重要。当莱诺医疗通过“网上国网”APP提交了500千伏安用电容量申请后，国家电网红岩（市北）共产党员服务队开始一场与时间赛跑的竞逐。

口罩生产要高效，登门驻点解难题

“大姨，你跟医院的朋友熟吗？能帮我们借点口罩吗？”“老同学，你们国外药店口罩充足不，给我们寄点回来行不？”2020年的春节，居家隔离、确诊人数、口罩荒……这些词充斥着整个网络，亲友间电话的问候语也变成了对新冠疫情的关心和对口罩短缺的恐慌，就连小区的进出暗号都变成了“头戴毡帽，手套配口罩”。

党中央部署新冠肺炎疫情防控工作后，市北供电公司快速响应，第一时间成立抗击疫情保电工作小组，统筹协调各项保电工作。面临保电工作数量多、责任大、任务重的形势，市北公司党委发出了“支部包干、党员带头”的倡议书。国家电网红岩（市北）共产党员服务队积极响应，在渝队员纷纷放弃休假，迅速返回岗位，主动参加保电工作，对接供电辖区内35家重庆市防疫重点客户。

红岩（市北）服务队了解到莱诺医疗用于口罩生产的用电需求，队员立即联系莱诺医疗负责人，为其口罩生产线投运倒排节点，争取尽快帮助其生产口罩。

队长屠宁回忆说：“2月27日下午，队员熊超协助莱诺医疗在‘网上国网’APP提交用电申请后，市北公司坚决贯彻落实‘三零服务’政策，立即为其开辟绿色办电通道，迅速查勘现场，核对客户资料，确定最优供电方案，并派遣专人蹲点牵头办电全流程的协调组织工作。”

“当时我们在现场还遇到一些紧急情况。”服务队队员熊超说道，“设备厂家回复莱诺医疗，500千

◆ 2020 年 2 月 27 日，红岩（市北）服务队为重庆莱诺医疗科技有限公司安装变压器电缆，保障口罩生产

伏安的变压器没有现货。”当时莱诺医疗的工作人员急得像热锅上的蚂蚁，他们紧急向服务队求助。服务队随即四方协商，紧急协助客户从设备厂家那里调到一台 630 千伏安的现货变压器，为口罩生产解了燃眉之急。

通宵达旦抢工期，16 小时高效通电

2 月 27 日晚上，红岩（市北）服务队开始对莱诺医疗外线工程进行电缆预埋管道施工。

强烈的灯光将施工现场照得通亮，器具作业发出的清脆声音打破了夜晚的宁静，戴着口罩的电力工人紧张有序地进行着变压器吊装、电缆施放、设备试验、表计安装等工作。“我们出动了工程技术人员 35 人，吊车、挖机等作业车辆 12 台。”每个人心里都只有一个目标——尽快通电让口罩生产线早一秒运转起来！

28 日凌晨，伴随着一阵“淅淅沥沥”的声响，天空中突然开始飘雨，为施工增添了不小的难度。莱诺医疗配电房旁迅速支起了雨棚，可是没有一位队员选择去遮风避雨。“我们虽然无法像医护人员那样冲到治病救人的前线，但是，作为国家电网的职工，作为服务队的一员，能够让医疗企业用电得到充足保障，就是我们为疫情防控作出的最大贡献。”队员们纷纷坚定地说道。

清晨 6 点，当成功送电的消息传来时，悬在所有人心头的那块石头终于落地。此时，雨停了，天际间一轮崭新的朝阳冉冉升起，阳光透过淡薄的云层，暖

◆ 红岩（市北）服务队抗疫保电，正在巡视 220 千伏输电线路

暖地照耀在队员们布满倦意的脸庞上。从受理申请到确定供电方案、物资调集、现场施工、验收投运，市北供电公司刷新了重庆“业扩报装”最快纪录，仅用16小时便完成了防疫物资生产企业通电。

“没想到这么快就装表接电了，感谢供电公司！”莱诺医疗总经理沈银水握着队员们的双手，动容地说。

专人专点保供电，24小时“电保姆”

像莱诺医疗这样的防疫重点保电客户，在市北供电公司服务的辖区内，共有35家。如何为这些企业做好服务，如何保障防疫企业可靠用电，成为每一支红岩（市北）服务队最重要的任务。

“集合啦！我们从1月31日起需要对辖区内35家重庆市防疫重点客户（29家医院，6家应急医疗物资生产企业）进行驻点蹲守，让客户诉求及时得到解决。”在微信群里，红岩（市北）服务队吹响了“出征”号角。

一声令下，迅速行动。服务队主动上门进行“定点、定时、定制”的服务，保障客户供电安全可靠。用电信息系统为保电客户进行24小时不间断的用电负荷检测，指导客户合理分配、使用用电设备，确保设备时刻处于最佳运行状态，以保障防疫工作高效运转。

◆ 红岩（市北）服务队在渝北区人民医院检查配电设施

红岩（市北）服务队同时做好应急装备和应急物资储备，检查保养好3台应急发电车和25台小型发电机，确保在应急情况下为客户解决问题。

“有你们这么贴心的服务，我们既安心又放心。”企业方纷纷为服务队竖起了大拇指。

“作为服务队的一员，要将自我热情、激情、才情融入供电服务中，开拓创新、争优创先、担当于行，在急难险重任务中发挥党员先锋作用。”红岩（市北）服务队的青年队员们如是说。

一站服务新理念，便捷贴心获好评

16小时莱诺医疗通电案例，启发了红岩（市北）服务队制定“一站式服务”的具体实施方案，梳理高压办电客户痛点难点，从优化电力营商环境的角度出发，贯彻落实国网公司“便利化、透明化、标准化、规范化”要求，融入“一站式服务”新理念，首创获得电力一站式服务工作站，通过高压客户获得电力进门次数、交互人数、跑路趟数、办电时长“四压减”，实现质量、效率、效益、客户感知“四提升”，推动进一步优化电力营商环境，助力地方经济发展。一站式服务工作站运行起来后，获得了辖区客户、国网公司领导的一致好评。

红岩（市北）服务队用行动兑现担当于行的承诺，2015年成立至今累计参与“智博会”“西洽会”“新中国成立70周年庆典”等特重大保电任务105次，完成巫山地质灾害、龙头寺加气站泄漏等抢修抢险任务131次。服务队始终不懈拼搏、对党忠诚、信念坚定、服务一流，受到了地方级、国家级新闻媒体多次报道，得到了广大客户和各级党委政府的充分肯定——赞赏服务队“办电效率之高、服务水平之优、解释工作之细，帮助客户排忧解难”——被辖区用电客户盛赞为“能打胜仗的铁军”。

迎难而上战洪峰，红星闪耀扬旗帜

——国家电网红岩（市南）共产党员服务队抗洪抢险纪实

文图／国网重庆市南供电公司

2020 年 8 月，受长江上游强降雨影响，重庆水位迅速上涨，2020 年第 5 号洪水突破 1981 年历史极值的洪水位。南滨路商圈路面漫水超 4 米！国家电网红岩（市南）共产党员服务队迅速开展紧急抗洪抢险，严阵以待，沉着应对，险情在哪里，奋战在哪里！

紧急响应，迎战洪峰周密部署

“10 千伏鱼中支滨宏 4 号（宏源公司）配变申请停电避险！”

“10 千伏浩滨支滨南 2 号环网柜 630 千伏安专变有水淹风险，申请停电避险！”

江水浩浩荡荡，随着浪头不断向岸边涌来。

汛情就是命令！为做好防汛保电及汛后恢复工作，结合 2020 年防汛形势，国网重庆市南供电公司于 6 月份便组织国家电网红岩（市南）共产党员服务队，对低洼地带、医院、滨江路等重点部位的电气设备特巡 5 次，制定三级防汛应急措施，现场查勘应急方案和技术交底，研究确定电缆头防水包裹办法和试验流程，做好停电避险预案。此刻，以服务队队员为骨干，将 94 处防汛隐患设备按照党员责任区划片分区开展现场值守，确保重要水位点全部有技术骨干党员蹲守监测，防止人身及设备发生安全事故，全力以赴保障电网安全稳定运行。

“最新预测：洪峰 20 日凌晨 4 时过境，预计水位达到 195.9 米。”随着洪水涨势，需要停电避险的设备越来越多，远超前期最高级别预案。为保证设备停电及时，市南供电公司命令服务队以现在水位为基础，按照水位再涨 1 米为基准，提前停用涉水设备，及早留人值守，轮休睡觉，保持体力，持续作战。

一支队伍就是一座堡垒，一名党员就是一面旗帜。红岩（市南）服务队里既有经验丰富的班组长，也有专业过硬的管理专责，更有冲锋在前的一线人员，汇

◆ 2020 年 8 月 21 日，红岩（市南）服务队检查南滨路沿线电力设施受灾情况

◆ 2020 年 8 月 23 日，红岩（市南）服务队抢修工程车第一时间驶向洪峰退去的南滨路

聚起坚决打赢抗洪抢险攻坚战的强大合力，前期的周密准备在此刻体现出效果，抢修工作有条不紊地铺展开来。

与洪水赛跑，迎难而上停电避险

红岩（市南）服务队辖巴南、南岸两个片区城市电网的抢修业务，点多面广，轮班运行人员已经无法满足抗洪抢险要求，按照应急预案安排，服务队将另两组运行人员召回岗位，他们随时准备奔赴抗洪抢险第一线，只要换上鲜红的队服，就立刻打起十二分精神。

沿江而建的南滨路是重庆最繁华的商圈之一。而在 8 月 19 日 10 时，南滨路水位达到 189.27 米，路面漫水超 4 米，南滨路已被淹没，一片狼藉，居民均已撤离，只剩下“红马甲”乘冲锋舟在水面上破浪前行。临近的烟雨路、晓月路等多个街道出现洪水倒灌，多个小区开闭所和配电房都建在地势低洼的车库内，成了此次洪峰过境的重灾区。

“海棠溪车库已经倒灌进水了，我们必须马上停电避险。”队员徐浩文低头看了一眼浑浊灰黄的洪水，没有丝毫犹豫，拿上绝缘手套与其他工具，招呼其他队友，一脚踏进了积水的车库里，裤腿上立刻溅起几道泥印子，徐浩文却毫不在意：“干咱们这行要是怕

◆ 2020 年 8 月 23 日，红岩（市南）服务队对新上 3 台箱式变压器进行投运前试验

脏怕累，怎么对得起这身队服，对得住千家万户的灯火？”

这是一场与洪水赛跑的较量，服务队必须毫秒必争抢在先！从 8 月 17 日 22 时第一个专用用户申请停电避险，到 8 月 20 日 13 时第一条 10 千伏线路申请送电，整整 63 个小时里，徐浩文只断断续续休息了 8 个小时。

各司其职，畅通停复电抢险渠道

“请各区域负责党员将被水淹配电房、箱变等设备的处理方案落实清楚，尽快核实所需材料，报我汇总协调物资。”青年党员汪明智作为运行专责，一一厘清抢险施工材料，为后续退潮抢修协调物资，确保水退到哪里，电立即送到哪里。

专责办公室内，电话铃声此起彼伏，每个人都专注于自己的战斗，坚守阵地。

值班专责、优秀党员黄帆担子更重，不仅要记录停电避险的设备明细，还要给出最佳的倒换电源方式，确保在满足停电避险的同时，尽可能保障居民用电。

“8 月 19 日 13 时，竹澜一二回、竹解一二回 2 号杆横担离水面 2 米左右。”鱼洞运维班班长陈浩汇报。

“密切关注水位情况，按照防汛方案，后段负荷将倒换由洲邸线供电，请各班组立刻核实洲邸线是否存在防汛隐患。”黄帆回复道。

为了保证“水涨到哪里，电停到哪里”，尽可能不扩大居民停电范围，黄帆密切关注每一处隐患情况，做好详细记录和停换电方案。5 小时后，陈浩继续汇报：“竹澜一二回、竹解一二回 2 号杆导线距水面 1 米左右。”黄帆当机立断，隔离隐患点，将后段负荷倒换由洲邸线供电，把洪水影响控制在最小范围。

一个又一个队员挺身而出，坚定站在抗洪抢险的一线，打头阵、当先锋，把初心写在行动上，把使命落在岗位上，彰显着优秀服务队的引领力和战斗力。

水退人进，争分夺秒抢修复电

20 日 8 时，水位开始回落，而对抢修人员的考验还远远没有结束。为尽快恢复受灾居民用电，红岩（市南）服务队按照“洪水退一步，我们就前进一步”的原则，争分夺秒开展复电抢修。为确保具备送电条件的设备，能够第一时间送电，服务队按照党员责任区开展现场 24 小时复电巡查工作，制定涉水设备抢险方案，提前调度物资。

鱼洞片区受灾最为严重，地面的淤泥积了厚厚一层。青年党员黄杨带头踏进了淤泥，“在淤泥中每走一步都要仔细，不仅要小心防滑，更要注意绕开障碍物。”黄杨提醒着队员。8 月的重庆室外温度高达 40 摄氏度，头顶是晃得人睁不开眼的炎炎烈日，脚下是碍得人迈步艰难的厚厚淤泥，但黄杨走得坚定。到达检修位置，黄杨立刻全面检查环网柜，先用高压水枪清淤，再用吹风和烤灯烘干，最后对设备进行全套试验。“开关绝缘试验不合格，必须立刻更换设备。”物资已备，工作票已开，迅速开展抢修工作，运送环网柜、电缆接头、设备试验、表计安装等工作有条不紊进行，全套工作下来，黄杨身上已是大汗淋漓，但他顾不上收拾，立刻赶赴下一处地点。

队长杨孟面临的则是比淤泥更难堪的局面：下水道化粪池的粪水倒灌路面。10 千伏沱凯线所供的新尚城小区是此次受灾最严重的小区之一，供电的两台环网柜和四台箱变泡在粪水里，远远便传来阵阵恶臭。杨孟二话不说，跳进齐腰的粪水里，朝环网柜蹚去。恶臭的粪水丝毫没有影响他的工作，他仍旧仔细地检查设备的涉水情况，制定复电方案。此时，已经是晚上 11 时，小区居民面临着无水无电、高温难耐、电梯停运、车辆受困的窘迫场景，开始急躁起来，追问何时来电。“大家不要着急，我们正在努力抢修，不仅要尽快复电，更要安全一次复电成功，必要的检查和试验是不能省的。”杨孟耐心向居民解释，还强调，“你们不来电，我们不撤退！”为了高压侧送电后，低压侧能够及时恢复送电，杨孟又主动为居民检查低压设备。“这大热天的，连着干这么多个小时，真是太辛苦了！”抢修现场，守在一旁的居民感叹道。

21 日，重庆市委书记陈敏尔，市委副书记、市长唐良智在南滨路现场调研指导灾后重建工作，强调要发扬不怕疲劳、连续作战的优良作风，做到防汛救灾不放松、恢复重建要抓紧，奋力夺取防汛抗洪救灾的全面胜利。24 日 5 时，随着协信配电房成功送电，红岩（市南）服务队管辖范围内居民用电设备全部恢复供电。面对这场重庆历史上罕见的特大洪水，市南供电公司始终坚持“人民电业为人民”的宗旨，12 支队伍，24 小时应急值守，3504 人次的抢修人员，紧急出动 778 台次抢修车，31 小时恢复南岸区 1.8 万户居民供电，66 小时恢复工区全部 3.8 万户居民供电。市南供电公司坚守抗洪抢险第一线，迎难而上奋战洪峰，为南岸、巴南段汛期无虞提供了坚实的供电保障。

守护电力大动脉，直面烈火显英豪

——国家电网红岩（南川）共产党员服务队守护特高压通道纪实

文图／国网重庆南川供电公司

2020年8月4日，酷暑，深夜，重庆市南川区铁村乡黄淦村，一阵疾呼打破了山村本身的宁静。

“着火了，着火了”。22时50分，熊熊火焰肆无忌惮地扩张着它的爪牙，火焰像旋风一样急速上蹿，威胁着山坡上电力大动脉±800千伏复奉、锦苏线的安危。

一时间，铁塔告急、线路告急、万家灯火告急。

◆ 红岩（南川）服务队整装待发

神经，被突发火情绷紧

23时零分，南川供电公司应急值班室电话铃声骤然响起，那端传来了黄淦村群众护线员王晓敏急促的声音，“喂，供电公司吗？山坡着火了，火势很凶猛，就在铁塔线路附近，恐怕烧到铁塔周围，你们赶快派人来看一看！”值班人员刘波放下电话，立即将情况报告给运检部主任、国家电网红岩（南川）共产党员服务队队长李红进。

特高压±800千伏复奉、锦苏线线路通过黄淦村，线路密集。度夏期间，四川省1400万千瓦水电就从

◆ 红岩（南川）服务队走在巡检输电线路的田间地头

这里送往江苏、浙江、上海，承担着四川水电约 60% 东送任务，若火势蔓延导致线路闭锁或停运，将造成约 1400 万千瓦负荷损失，华东、华中地区将会发生大面积停电，带来不可估量的经济损失和社会影响。

连晴高温，李红进的心一直是绷着的。火情就是命令，队伍立即集结。仅仅 10 分钟时间，党员骨干、预备党员、入党积极分子 20 余人组成的队伍已整整齐齐在生产基地大楼前整装待发。一声令下，全体队员与 4 辆装满应急装备物资的车辆，即刻奔赴火场。

驱车赶往现场途中的间隙，李红进仔细向队员交代安全注意事项，要求队员必须服从统一指挥；同时联系林业消防队、防火办、群众护线员，了解现场火势，通报响应情况。

20 分钟后，服务队到达山火救援现场。一会儿，现场林业消防队、防火办、群众护线员已准备就绪。林业消防队负责人看到服务队的到来，握着李红进的手激动地说道："你们来了，我们灭火队伍就更加兵强马壮！我是负责本次山火扑救的指挥长，请组织好你的队员，听从指挥、服从安排，在保证人身安全的前提下统一参加行动！"

山坡上，火光冲天，浓烟滚滚。恶毒的火舌发出嗞嗞的吼叫，仿佛要吞噬一切，树木在火苗的吞舔中，发出阵阵哀号。

救援，没有什么可以阻挡前进

面对熊熊山火，队员们毫无畏惧，在林业消防队负责人指挥下，奋勇争先冲向山上。

"其实你完全可以不用上山来，直接用无人机捕捉火势范围及火势方向就行。"漆黑的山间小道满是荆棘，队员马俊杰带着无人机疾走着，同行的群众护线员王晓敏对他说道。

"稍微近一点，便于操作，也能更稳妥地为灭火提供准确信息。"马俊杰回答道。

沿着曲折的山路，马俊杰和王晓敏一边用手捞开围拢在一起的藤条和荆棘，一边还要随时保护好携带的无人机、弯刀及小型灭火器。由于速度快，马俊杰的衣服被刺抓得"噗噗"直响，脸上和手上被弹回来的枝条挂出道道伤口。王晓敏不时向后面的队员们提醒着沟坎，发出安全行进的提示。

“我是红岩服务队队员，在队旗下宣过誓。保电守护线路，就是传承新时代的红岩精神。”新队员黎建波是个年轻小将，他敏捷地超过了队伍走到了前面，并催促后面的队员“快点，再快点！”

队员们奋勇向前的身影，让王晓敏深有感动，他想起了去年初次接触服务队时的感受。“你们的工作责任心和服务精神，对我的触动很大。我愿意做群众护线员，保护电力设施，我觉得很光荣。”那是在2020年6月30日，国网重庆市电力公司相关领导亲自带领设备部、红岩（南川）服务队一起开展特高压通道巡视，把岗位实践活动搬到了现场，在特高压复奉线1146号塔附近的农户曹世福家召开主题党日院坝会。同时，邀请了当地书记、分管电力的镇长及群众护线员参加，共同讨论商量供电企业、属地政府如何配合维护特高压大动脉的畅通。当时就与地方政府确定了机制联建、信息联享、工作联动、后勤联保的“四联”机制。

◆ 红岩（南川）服务队正在巡视，保障特高压输电线路安全稳定运行

“今天的火情发生后，你的处理很及时很准确。”马俊杰赞叹道。

一边赶路，一边交流，服务队与林业消防、防火办、群众护线员都到达了分工地段。事不宜迟，随着“嗡嗡嗡”的机翼旋转声，马俊杰操控着无人机升至半空，一场灭火保电的战斗，正式开场。

保电，是红岩服务队的职责

“注意1181号铁塔，根据风向火势有往东走的趋势，及时联系灭火队伍迅速扑灭！”

“1182号塔附近，有2株大树倒下，附近火势相对较大，要尽快分段扑灭，注意安全！”

半空中，马俊杰操控的无人机俯视着火情；山坡上，队员刘波手持望远镜目不转睛地观察着火势；铁塔下，五名队员聚精会神蹲守，手持对讲机时刻报告距离，实时掌控火情。灭火队伍采取迂回往中间靠拢，逐步缩小火势圈。在所有人员的同心努力下，灭火队伍有如神助。大约经过一个小时，火势得到控制并被扑灭，未对特高压线路运行造成影响，化解了华东、华中地区发生大面积停电的风险。

国家电网已进入特高压时代，实现了全国范围的能源资源优化配置。重庆境内的特高压±800千伏复奉、锦苏线承担着将西部清洁水电送往长三角地区的重要任务。红岩（南川）服务队自2012年成立以来，围绕特高压±800千伏复奉、锦苏线密集通道运维保障，建立健全融入机制，通过分析近两年特高压通道发生火险的情况，从建立联动机制入手，固化政府—村社—护线员—巡线班—供电所“五位一体”的运维责任体系，推行日常通报、特殊时期零报、隐患急报、事故特报的信息联享机制，扎实开展重要时段、极端气候、异常地质、重要地段的标准化巡视。为做好辖区内近百公里特高压线路的运维保障。红岩服务队提前谋划，定目标、编方案、落责任，成立党员责任区，定人定塔蹲守，保障特高压线路安全稳定运行。

“近两年来，我们服务队圆满完成了特高压在大功率运行条件下及第三届中国国际进口博览会期间属地化通道运维保障、‘两节两会’等62次重大活动保电任务。”李红进信心百倍地说，“保电，是红岩服务队的职责，我们时刻铭记使命，用实际行动让服务队这个金字招牌熠熠生辉。”

五十三天逆行追光

——国家电网红岩（万州）共产党员服务队抗疫保电纪实

文图 / 国网重庆万州供电公司

2020年春，新冠肺炎疫情，突如其来。1月23日，武汉封城。在毗邻湖北省的重庆市万州区，国网重庆万州供电公司党委迅速启动非常时期战“疫”保电工作。截至3月14日24时，重庆市累计报告新冠肺炎确诊病例576例，其中万州区118例。3月16日，万州公司全员复工复产。

疫情最严峻时，国家电网红岩（万州）共产党员服务队在抗疫保电的一线追光前行；疫情防控形势持续向好后，在按下复工复产“快进键”的工业园区，他们穿行其间，继续坚持，守护每一盏希望的灯。

在53个日夜交替的时光里，服务队始终站在抗疫保电最前线，以不向困难退半步的坚守态度，践行着“人民电业为人民”的承诺。

坚守是最好的承诺

“妈妈，你出去干什么呀？”2020年大年初三，国家电网红岩（万州）共产党员服务队队员何丹丹戴上口罩准备出门时，她两岁的儿子不解地问道。

“妈妈是蒙面超人，要去打病毒坏蛋。”何丹丹摸了摸儿子的头。

“妈妈，加油！”儿子奶声奶气地鼓劲道。

当天是重庆市启动重大突发公共卫生事件一级响应的第三天，何丹丹和其他服务队队员将前往万州区儿童医院开展用电检查。“虽然医院的检查在节前已经开展过了，但这个特殊时期，我还是不放心，必须过来再看看。”何丹丹对医院负责人说。在检查现场，变压器是否正常，发电机有无定期启动，安全工器具是否完备……队员们带着医院工作人员一一检查

◆ 2020年10月，工小波被国家电网公司授予“抗击新冠肺炎疫情先进个人”称号

◆ 2020 年 2 月 4 日，红岩（万州）服务队到封闭小区检查用电设备运行状态

核实，事无巨细地询问着。何丹丹还不忘叮嘱道：“请你们密切留意变压器振动声是否正常，一定要仔细做好巡视记录，若有问题，不管啥子时候都可以打电话跟我们联系。”

随着确诊病例数字的上升，万州的疫情变得更加严重。2 月 1 日，万州公司党委发出召集令：“保电！”

“我年轻，我抵抗力强，让我来。”号令刚出，有着 14 年党龄的服务队副队长王小波主动请缨。

次日清晨，王小波再次准备出门，妻子再三嘱咐：“勤洗手，注意换衣服，戴好口罩，不要和陌生人说话……”可这次，妻子比往常更担忧，因为王小波要去的是已有确诊病例的封闭小区。在巡视路上，王小波对随行队员们说：“大家封闭在家已经很难受了，如果没有电，就没有水、没有网、冰箱也坚持不了多久，那后果不堪设想，兄弟们现在肩头的责任重得很，一定打足精神。”当天，队员们先后巡视第一城、长江之星、瑞昌滨江一号等封闭小区，对小区开闭所、配电房设备逐一排查，确保设备运行无异常。

王小波冲锋在前的表现给了其他队员极大的鼓舞。那段时间，有些队员的家人因为担心疫情劝他们别出门，队员们就会用王小波的话语来劝慰家人，“如果大家都在家封闭，用电得不到保障，恐怕要出大事情。我们兄弟伙多，互相有照应，只要个人防护到位了，就没啥好怕的。”

点亮每一盏希望的灯

面临企业复工复产的关键时期，从江南到江北，从医院到工业园区，服务队全力保障着 482 平方公里 12 万余户市民生活与防疫物资生产线安全稳定供电。他们全部放弃休假，走遍辖区内的疫情防控重点场所，一次次逆行进入高风险疫区作业，累计出动 300 余人次，为抗疫点亮每一盏灯，为更多人点亮希望，让鲜红的党旗在百姓心中飘扬。

“这是我的联系方式，你们有任何用电问题，随时打给我。”王小波对生产防疫物资消毒液的白猫（重庆）有限公司负责人说。为了确保供电万无一失，他与企业负责人建立起“一对一”联系机制，根据实际

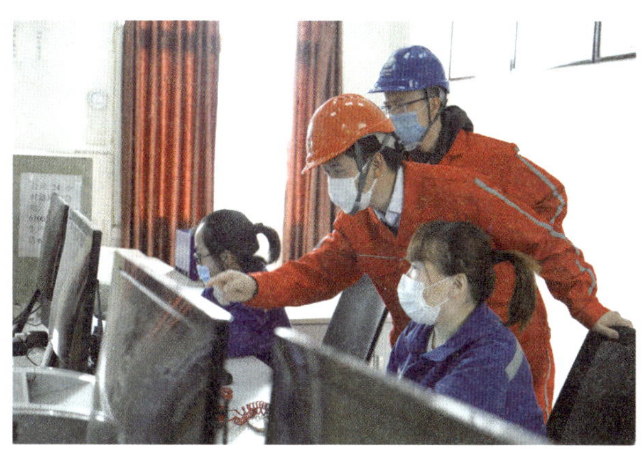

◆ 2020年3月30日，红岩（万州）服务队在索特盐化公司主控室了解用电情况，帮助企业节能降本

情况为客户制定“一企一策”。每次检查结束之后，还要与企业负责人认真详细沟通，告诉他们需要注意的每一个安全用电小细节，防患于未然。

服务队在接到当地口罩生产企业龙翼生物科技有限公司的求助后，第一时间派出专业技术人才上门为其诊断生产线故障，保障企业客户有序、顺利复工复产。10余名队员第一时间加入志愿服务队，主动协助龙都街道办开展社区进出值守、聚集活动劝导、小区巡逻等工作；配合万州区团委为治愈出院的肺炎患者上门配送慰问物资，赢得患者现场竖起大拇指点赞。万州区委宣传部了解到万州供电公司组织社区志愿者情况后书面批示：“感谢供电公司的倾力付出！一定要保证大家的安全，保证企业正常运行！国企，国家队！赞！”

优质服务护航复工复产

随着疫情防控形势的持续向好，万州区按下复工复产“快进键”。红岩（万州）服务队结合实际，细化“助推企业复工复产十项举措”，展开了“送政策、送服务、促复工复产”行动。主动对接万州区经信委，实时掌握复工企业名单，用10天时间全覆盖走访辖区内28家复工复产重点企业，不仅解决客户用电需求，还积极宣传公司贯彻阶段性降低用电成本政策八项举措，将“真金白银”送到客户手中。

“多亏了你们，才让我们的3条生产线如今干得热火朝天。”3月14日上午，服务队来到工业园区开展走访，江东机械电力部长应本成老远就跟他们打招呼。原来，一个月前，江东机械厂区搬迁，担心新厂区的生产进度，就联系上了服务队。服务队立即启动了“一对一”联系机制，制定该企业服务策略，利用“网上国网”APP线上提交用电申请，迅速完成流程流转。2月26日上午，江东机械新厂区完成通电，为该厂复工复产的提速加了一把力。

“服务队帮我们节省了近40万的电费支出。”索特盐化的负责人提起这件事，言语里满是感激。事情要从服务队的一次用电情况查询说起，队员辜志超发现该企业可享受电费优惠政策，便主动上门送政策。在110千伏索特变电站里，辜志超一边向其负责人解释国网公司按照国家发改委要求正在执行阶段性降低用电成本政策，一边拿着小本子写写算算：“你们属于非高耗能行业，可执行2到6月电费9.5折优惠，同时基本电费由容量改需量……”，一番计算之后，该负责人喜出望外：“疫情让公司的经营遭遇到困难，经你们这么一算，帮我节约了好大一笔支出，真可谓是雪中送炭，感谢党和政府的深切关怀，感谢你们。”

这样的“惊喜”不只是给了索特盐化一家公司。疫情期间，服务队认真落实“十项举措”，共计走访客户30余户，为客户累计优惠和减免用电费用1000多万元，让企业得到实实在在的政策优惠，受到华歌生物、宜化、衡山机械等重要客户以及广大企业的一致好评。

“不在客户的配电房巡视，就在去用电检查的路上。”服务队副队长王小波这样描述队员们五十三天的抗疫保电日子。正是因为有了这样一支逆行追光的队伍，凭借着优质的服务，才让遭遇疫情寒冬的企业，看到了春暖花开的希望。

疫情期间，重庆市委常委，万州区委书记书面批示万州供电公司抗疫保电工作汇报：“保供有力。”

传承红岩精神，护航骨干电网

——国家电网红岩（检修）共产党员服务队护网保电纪实

文图／国网重庆检修公司

车盘山覆雪的道路有他们走过的脚印，无人区遍布的荆棘里有他们留下的印记，工作室长亮的灯火里有他们投映的剪影……在重庆骨干电网的脉搏里，国家电网红岩（检修）共产党员服务队用“有困难，我先上”的先锋气概，传承红岩精神，护航骨干电网。

顶着风雪前进

重庆市武隆区车盘山，地处渝东南地区，海拔1400米，特高压直流输电线路、西电东送的大动脉±800千伏复奉线、锦苏线在此穿梭而过。每年冬季，零下十几度的持续低温，是国家电网红岩（检修）共产党员服务队面临的最大考验。

凌晨5点，驻守在这里快一周的队员丁顺杰搓着冻僵的双手，开始整理今天巡视线路所需的工器具，这是他巡线守塔前的常规工作。

推开门，迎面而来的冷风不禁让他打了一个寒颤。紧了紧安全帽，他望向远方，那是他和队友今天要奔赴的目的地——特高压线路上几基覆冰风险最大的铁塔。

天还未亮，皑皑白雪把大地覆盖，天地之间白茫茫一片。昨晚的一夜风雪，让队员们都心生担忧：“山顶这几基铁塔是否覆冰加重？”想到这里，他们哪还顾得上无路可寻，打着电筒便出发了。

丁顺杰经验丰富，他一边率队前行一边悉心叮嘱队员：“这里很滑，小心点，不要踩到冻土上，找雪厚的地方下脚。”但即便这样，也还是麻烦不断。崎岖的山间小道上，湿冷的山风夹杂着掀起的雪花不停歇地灌注在他们的领口里；不小心碰到的树枝，将雪“哗哗”地掉在他们的身上和脖子里；被积雪掩盖的荆棘，则在暗处钩挂他们的裤腿。

艰难跋涉1小时后，终于到达铁塔下。队员们满身覆雪又满头大汗，但他们立刻便投入巡视工作。“接地线正常，绝缘子串正常，导线有覆冰，等会去模拟

◆ 2021年1月，红岩（检修）服务队在车盘山观测线路覆冰情况

导线那儿测量一下覆冰厚度。”丁顺杰熟练地操作着仪器，提醒着同伴：“早上的温度最低，测量的数据最为关键，我们必须在7点前将观冰点的数据报送上去，为下一步的防冰措施制定提供准确的信息。”

待测量结束，丁顺杰拨通了队友文茂强的电话。文茂强他们前一天就出发了，前往500千伏张隆线处观测融冰情况。距此时已经过去快一天的时间，丁顺杰担心着队员们的安全。

“足足有15个小时，我们都在原地待命。”文茂强回忆道。线路上的冰凌冻在原处不肯挪动，升温融冰的进展不大顺利。观冰点没有暖气，也没有火炉，文茂强的鼻头冻得通红，他反复拿起望远镜又放下，线路上的状况让他无暇放松。

当冰块从线路上跌落的声音传来时，压在他们心头的“冰块”也开始融化。“线路覆冰融掉了，导线恢复到安全状态。”文茂强在电话这端，大声地向丁顺杰说着好消息。

回到驻地，丁顺杰和文茂强早已疲惫，但他们合计了当天的情况后，又决定去往另一处监测。“山上的这几基铁塔我们要盯紧，它们可不能出问题，最好是今天能都去走一遍。”丁顺杰边说边背起了工器具，而文茂强已经抢先一步拉开了房门。

勇闯无人区

2020年5月，红岩（检修）服务队接到±800千伏祁韶线路紧急“消缺”任务。这条特高压直流输电线路起于甘肃，止于湖南，跨越渝东北片区鸡心岭无人区。那里地处陕渝鄂三省交界，高山巍峨，地势险峻，气温多变，虫蛇横行。

为保障任务顺利完成，服务队迅速集结，肩挑背扛起六七十斤的设备和物资，毅然向无人区挺进。前方等待他们的是藏没在草丛中的毒蛇，是每日数个小时的攀爬，是昼夜高达20多摄氏度的温差，是更换每片60斤重绝缘子的首次挑战，是15天野外无人区的连续鏖战。

在鸡心岭这片人迹罕见的野外，草木植被展示出了旺盛的生命力，面对满是锯齿和尖刺的荆棘，面对杂草丛生的野地，队员张明一马当先，向身后其他同志们吆喝着：“我来探路吧，跟紧我喽！”说罢，脚步便踏上前行的道路。

张明麻利地砍断横在路上的枝丫，拨散成团飞舞的虫群，不一会儿，手腕和脸颊上就出现了叮咬的印记。但他要做的不止于此，排除灌木中的危险物——蛇，更需要他全神贯注，因为有些蛇的毒性可能立即致人死亡。“大家跟紧我的脚步，注意两侧草丛。”张明小心地用登山杖敲击着岩石、草丛、树根等蛇类可能藏身的地方，谨慎提防被惊扰的蛇突然蹿出。

看着张明奋不顾身地披荆斩棘，年轻队员晁明智也主动从队友手中提过最重的设备扛在肩上，“累了吧，这箱东西我来拿吧，我劲大。”鸡心岭多数地方没有道路，不通车辆，人力负重成了唯一的方式，到最远的铁塔单程就需要步行6个小时。晁明智一路没喊一声苦，待到小憩休息时，队友才发现他脱下的外套里已经湿透，脚下的胶鞋被碎石磨到开裂。

“记得刚加入服务队时，我问队长胡应华，这身橘色的队服有什么不一样？他给我指了指百米高处导线上正在作业的队员田贵阳，又指了指队服背后的一行字。尽管胡队长没说一句话，但我马上就懂了。”晁明智一边回忆着，一边推开队友伸来想接过设备的手，向着密林深处走去。

◆ 2020年5月，红岩（检修）服务队走在巡视路上

“有困难，我先上，这是我们队伍的一贯作风。”胡应华看着队员们，自信满满地说道。正因为有这样的气概，历时 15 天，红岩（检修）服务队圆满完成了区段内祁韶线绝缘子更换及 103 项“消缺”任务。

创新创效路上的探索

“有困难，我先上！”这句话绝不单指体力上的付出，它也在脑力上锤炼着服务队的信念，检验着服务队守护重庆骨干电网安全运行的能力。

作为公司劳模工作室的领军人，胡应华带领队员改造发明，解决了不少问题。他常说，不管是线路抢险，还是创新工作，都是我们服务队的阵地。有困难，我们就真刀实枪地把它拼下来。

队员罗乐已经把自个儿“泡”在办公室几个昼夜了。她发现，用无人机巡检特超高压电网时，总是存在不少的缺陷误报，导致巡视常常需要复测。如何降低缺陷误报率这个难点始终困扰着她，同事们都劝她慢慢来，创新改进的事不急于这一朝一夕，但罗乐总说，还想再琢磨琢磨。

身为检修公司唯一的女“机长”，这早已不是她第一次“闯难关”了。从放弃团队对女性的呵护，开始攀爬电杆开始，她早早离开父母营造的安乐乡，于无人可及的高空之上鸟瞰这片土地。前辈们让她拥有攻坚克难的勇气和动力，工作室让她充分了解“QC”活动、创新课题……服务队给予了她茁壮成长的土壤。

经过反复研究，她决定在程序上提升正确率。但无人机的程序编译和机器操作是两个截然不同的领域，要从这方面改进意味着需要重新学习一门知识。她寻访老师，查找资料，在工作之余投入精力学习新的程序语言，了解工作原理，摸索着前进。程序语言的学习、编译和校正非一日之功，深夜的办公室里常常能看到她躬身探索的背影，白日的巡检现场她又一遍遍试验、校正。

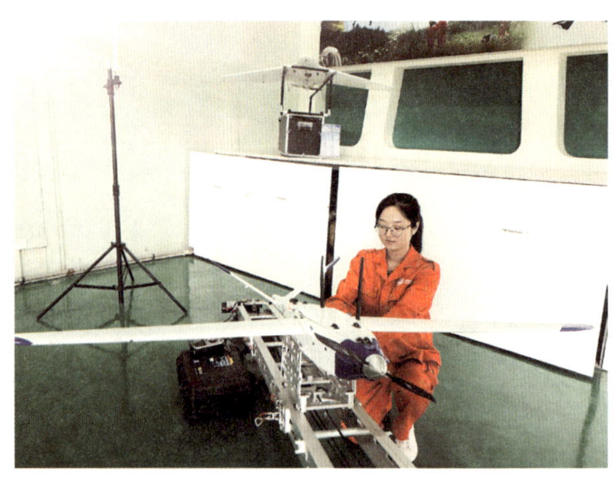

◆ 2021 年 3 月，红岩（检修）服务队队员罗乐在调试改造无人机

在她的带动下，创新团队的其他成员也踊跃参与其中，编译、试验、校正，反复循环。2019 年 10 月，经过连续 3 个月不停歇的测试，他们以更加智能的方式将无人机拍摄的图片正确命名、精准分类，对照缺陷情况合理筛选，使无人机巡检的缺陷误报率大幅降低。

如今，改进后的无人机飞翔在重庆骨干电网的高空之上，俯瞰着输送电能的主动脉。近 3 年来，胡应华劳模创新工作室获得专利授权 69 项，其中发明专利 7 项，获省部级以上创新成果奖 40 余项。

现今，重庆骨干电网涵盖 3 条 ±800 千伏特高压直流输电线路，59 条 500 千伏超高压交流输电线路，为华东地区和重庆各地稳定高效地输送着绿色能源，其中仅 ±800 千伏复奉线每年向上海输送的清洁电能就约占了上海高峰期负荷的四分之一。为保障其运行稳定，春去秋来，夏尽冬至，服务队在护航重庆骨干电网的征途上从来没有放慢脚步，从领头人到年轻队员，红岩精神在他们中间一代代传承。他们用脚步走出电力工人红色的长征路，让“有困难，我先上”的口号跨过江河，越过高山，穿过密林，钻进每一个人的心里。

附录

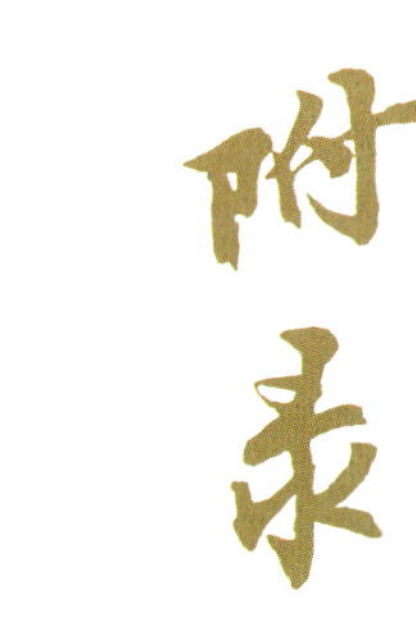

当好电力先行官，架起党群连心桥

——国家电网红岩共产党员服务队十年发展回顾

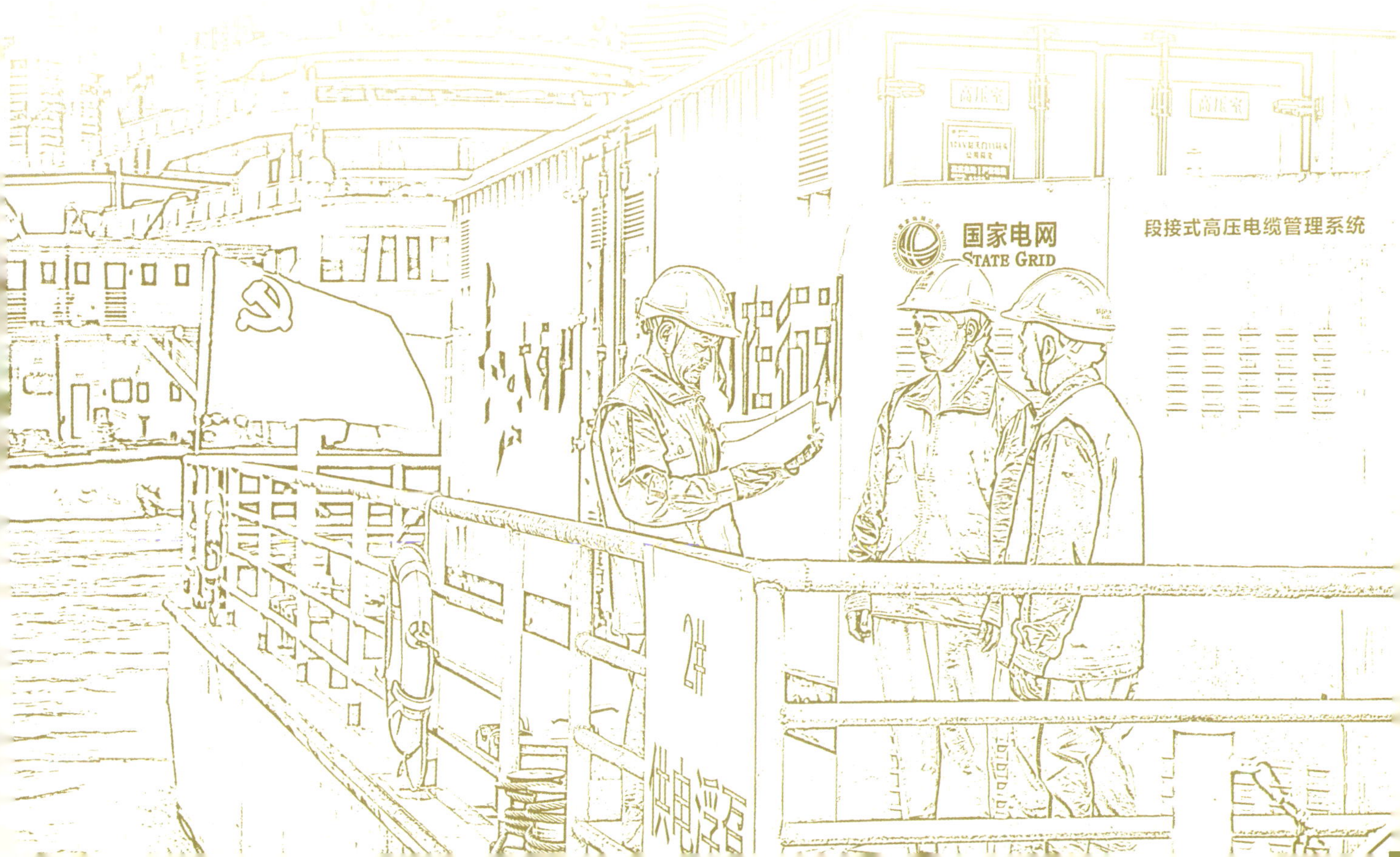

当好电力先行官，架起党群连心桥

——国家电网红岩共产党员服务队十年发展回顾

文图 / 中共国网重庆市电力公司委员会

国网重庆市电力公司党委深入贯彻落实习近平总书记视察四川成都共产党员服[illegible]把国家电网红岩共产党员服务队建设作为践行党的宗旨、履行[illegible]创新基层党建工作的特色实践，推进常态化、长效化建设。红[illegible]红岩精神的继承者、践行者、传播者，践行“人民电业为人民”[illegible]五个服务”积极行动，在贯彻落实党中央决策部署中担当作为，在服务重庆经济社会发展建设中冲锋在前，在为民服务中用心用情，当好电力先行官，架起党群连心桥，成为为民服务标杆、党性教育熔炉、坚强战斗堡垒、电力先锋旗帜。

发展历程

2010 年 1 月，以科学发展观为指导思想，传承红岩精神，成立了覆盖全市的红岩供电抢修服务队，由总队和各区县分队组成，主要负责各类突发性停电事件的抢修任务。

2012 年 9 月，按照国家电网有限公司统一部署，启动国家电网红岩共产党员服务队建设，充分整合原红岩供电抢修服务队、党员爱心服务队资源，组建了 87 支红岩服务队，分布于 35 家基层单位，总人数 2138 人，党员占比 65%。

2018 年 9 月，进一步深化红岩服务队建设，成立总队、分队、支队，构建“1+3+N”管理体系，形成“一体管理、纵向联通、横向协同”的工作格局。同时，在没有服务队的业务单位进行新建，实现服务队建设覆盖全部基层单位。截至 2020 年 12 月 31 日，红岩服务队共有 113 支 2795 名队员，党员占比 84%。

红岩服务队依托基层业务实施机构或班组组建，按照自愿申请和组织选拔相结合的方式，每支服务队人数最少的 11 人，最多的 30 人。队员以党性觉悟高、工作业绩优、群众基础好、奉献精神强的党员为骨干，吸收入党积极分子和优秀的团员青年加入，有全国五一劳动奖章获得者冯德伦、重庆市抗疫先进个人王小波、脱贫攻坚先进个人瞿秀泉、“国家电网金牌共产党员服务队队长”胡应华等先进模范，也有“杰出英才”张毅、“国网工匠”何涛等技术能手；有舍小家为大家、在工作中忘我付出的班组长，也有服务社区老人、关爱贫困学生的优秀员工。

领导关怀

2017 年 8 月 15 日，中共中央政治局委员、重庆市委书记陈敏尔调研国网重庆电力，视察慰问红岩服务队，指示要全力保障电力供应，让广大群众用电更满意、生活更舒心。①

2018年7月26日，重庆市委副书记、市长唐良智看望慰问红岩（市区渝中）服务队，向队员了解应急抢险抢修情况，勉励大家努力保障电力安全供应，同时务必注意自身安全。②

2018年5月26日，国家电网有限公司党组副书记、副总经理辛保安到第二十一届中国西部国际投资贸易洽谈会（简称“西洽会”）“央企重庆行”主题活动现场，参观“国家电网”展厅，并慰问红岩（江北运检）服务队，充分肯定“西洽会”活动保电工作。

2020年11月18日，国家电网有限公司副总经理、党组成员庞骁刚到红岩（市区渝中）服务队工作室，听取了一流城市配电网示范区和“供电服务云管家”建设情况工作汇报。随后，召开党建工作联系点调研座谈会，听取红岩服务队代表工作汇报，充分肯定服务队建设成效。

总体思路

坚持以习近平新时代中国特色社会主义思想为指导，认真学习贯彻习近平总书记重要指示精神，努力践行“人民电业为人民”的企业宗旨，不忘初心、牢记使命，坚持以政治建设为统领，以坚定理想信念宗旨为根基，以提升组织力为重点，以强化队伍建设为保障，加强标准化建设、规范化管理、品牌化传播，全面深化红岩服务队建设，推进高质量发展，在承担急难险重任务中攻坚克难，在服务人民美好生活的实践中发挥先锋作用，履行社会责任、弘扬红岩精神，唱响服务品牌、彰显企业价值，当好重庆经济社会发展先行官，架起党和人民群众的连心桥，为建设具有中国特色国际领先的能源互联网企业提供坚强的支撑和保障。

工作原则

坚持不忘初心、服务至上。牢记初心和使命，把服务于人民美好生活需要作为工作的出发点和落脚点。围绕服务这条主线，强化服务意识，拓展服务内涵，提高服务标准，规范服务行为，增强服务能力，全面提升服务质效。

坚持立足岗位、践行宗旨。立足专业特点和工作实际，把服务落实到岗位上，体现在攻坚克难的实践中，忠诚企业、奉献社会，发挥好红岩服务队的标杆作用，带动广大党员强化宗旨意识、争当先锋模范。

坚持重在建设、规范管理。提高工作标准、优化工作程序、健全行为规范，形成完备的制度标准体系并认真落实。加强红岩服务队的日常管理，强化自身建设，做到基础扎实、管理严格、服务规范。

坚持专业专注、追求卓越。弘扬核心价值观和企业精神，以更高标准、更严要求，持续提升红岩服务队建设水平，示范引领各项工作提质增效，努力创造一流业绩。

主要目标

积极融入服务党和国家工作大局、服务于人民美好生活需要、服务重庆经济社会发展、服务能源转型的伟大实践，进一步增强红岩服务队的先进性、示范性和凝聚力、战斗力，巩固成果、提升能力、打造队伍、擦亮品牌，努力把红岩服务队建设成为对党忠诚、信念坚定、服务一流、作风过硬、保障有力的新时代国家电网为民服务的先锋队、攻坚克难的突击队。

提升服务水平，打造为民服务标杆。聚焦提升优

①《陈敏尔张国清看望慰问高温一线职工》，载《重庆日报》，2017年8月16日第1版。

②《唐良智检查水电气运行保障工作时强调统筹做好水电气保障工作 确保全市安全平稳迎峰度夏》，载《重庆日报》，2018年7月27日第1版。

质服务水平的新要求，进一步提升红岩服务队的服务能力、作风、效率、品质，以一流的工作标准、工作流程和行为规范，争当攻坚克难的表率、打造为民服务的标杆。

提升队伍素质，打造党性教育熔炉。依托红岩服务队，加强基层党员队伍建设，进一步强化宗旨意识和使命担当，锤炼作风、提升能力，使红岩服务队成为加强党性教育的阵地、培育优秀人才的平台。

提升党建活力，打造坚强战斗堡垒。把全面从严治党各项要求落实到红岩服务队建设管理中，提升基层党组织组织力，激发基层党建活力，推动广大党员立足岗位创先争优，彰显共产党员的先锋本色，增强党组织的创造力、凝聚力、战斗力。

提升品牌形象，打造电网先锋旗帜。凝练深化红岩服务队建设的重大理论成果、实践成果和管理成果，形成具有国家电网特色和重庆特色的红色品牌，全面提升红岩服务队的社会认知度、知名度、美誉度和影响力。

服务内容

根据红岩服务队专业类别和业务特点，深入围绕政治服务、抢修服务、营销服务、志愿服务、增值服务五个方面开展工作。

（一）政治服务

学习宣传贯彻习近平新时代中国特色社会主义思想，服务党和国家工作大局，为重庆立足“两点”定位、实现“两地”“两高”目标、发挥“三个作用”和建设成渝地区双城经济圈贡献力量。做好重大活动、重要时段、重点单位、重点项目的供电保障。推进重大工程建设、重大科技攻关，在集中攻坚中发挥共产党员先锋模范作用，完成急难险重任务。

（二）抢修服务

立足班组一线，及时处置客户供电风险隐患，提供24小时不间断故障抢修服务。聚焦客户需求，提高响应能力和抢修效率，缩短停电时间。规范开展低压配网不停电作业，提升供电可靠精益管理水平。在遭遇重大自然灾害、突发性重大事件引发停电故障等危急时刻，迅速响应、冲锋在前，践行有呼必应、有难必帮承诺，全力做好抢修恢复、抢险应急等工作。

（三）营销服务

立足营销窗口，提供用电业务办理、用电信息咨询、停电信息告知等优质服务，做好安全用电、科学用电、节约用电宣传等。加快服务模式创新，深化“互联网+营销服务”，主动提供“一站式”服务和用能整体解决方案，帮助客户提高能效水平，降低用能成本。开拓能源服务新业态，满足客户多元化用能需求，推进再电气化进程。助力报装接电专项治理行动，促进营商环境不断优化。

（四）志愿服务

深入企业、乡村、社区、学校、医院等，推行便民利民举措，提供用电隐患排查、优化用电指导等服务。积极参与走访慰问、爱心奉献、扶弱助困、助学助教及关注留守儿童等公益性服务。坚持党建带团建、党建带群建，带动广大团员和群众加入志愿服务队伍行列，参与让人民生活更美好服务工程，主动办好事、办实事。

（五）增值服务

围绕支撑电网、开拓市场、服务客户、奉献社会等，结合自身业务性质和工作特点，立足本职岗位，提供其他优质高效的服务，满足客户多样化、差异化需求。主动帮助客户创新创效，解决实际问题，延伸服务和业务价值链，为客户、业主、群众等创造价值。持续改进客户体验，建立良好互动机制和信任关系，提高客户的获得感和满意度。

管理要求

按照统一建设管理、统一工作标准、统一行为规范、统一品牌形象“四个统一”原则，着力提升标准化、制度化、专业化水平，全面推进红岩服务队高质量发展。

（一）统一建设管理

落实工作责任。红岩服务队建设工作由公司党委统一领导。公司统筹红岩服务队建设管理工作，加强制度建设、调研指导和督促检查，推动红岩服务队规范管理、深化建设，发挥示范表率作用；指导各单位贯彻统一管理部署要求，建立健全工作机制，逐级落实责任；组织开展活动交流和评选表彰，选树宣传先进集体和个人，向上级单位推荐先进典型和优秀实践成果。各单位党委是深化红岩服务队建设的主体，切实履行主体责任，抓好深化本单位红岩服务队的建设、管理、监督、考核、宣传等工作。

严格注册备案。依托国家电网公司党建信息化综合管理系统，各单位上报新组建的红岩服务队申请材料，由公司审核批准后，报国网公司党建部备案。各单位坚持标准、从严把关，新组建的红岩服务队必须思想品质优良、工作基础扎实、业务能力突出，共产党员比例达到50%以上，具备良好的示范性。

抓实基础管理。结合实际、突出特色、注重实效，每年年初制订红岩服务队年度工作计划，明确全年工作安排。聚焦中心工作，策划开展主题活动和专项行动，提升红岩服务队工作价值。强化日常管理，通过开展竞赛、选树典型等方式，促进红岩服务队主动创先争优。

加强党建工作。红岩服务队是以共产党员、入党积极分子为骨干的先进团队，是树立在电网建设、营销服务、科技创新等一线的先锋旗帜。健全党的组织，具备条件的建立党支部，配齐配强党支部书记和委员。以党支部标准化建设、电网先锋党支部创建等为抓手，落实党支部七项组织生活制度，培育“四个合格”党员队伍，不断增强党组织的创造力、凝聚力、战斗力。

（二）统一工作标准

健全工作标准。结合红岩服务队工作实际，进一步细化政治服务、抢修服务、营销服务、志愿服务、增值服务的具体内容和工作标准，明确工作流程和要求，自觉接受监督。建立服务持续改进机制，不断增强服务的便捷性、精准性和实效性。专业部门加强业务指导，完善服务标准体系，推动主动服务、攻坚克难的理念更好地落实到红岩服务队的工作中。

严格遵章守纪。自觉遵守党纪党规和法律法规，遵守公司员工守则、供电服务“十项承诺”、员工服务“十个不准”，以及公司制定的各项制度规定、作业规程。红岩服务队亮身份、亮职责、亮承诺，窗口单位队员公布姓名、职务、岗位职责，公开承诺践诺；比作风、比技能、比业绩，主动亮出标杆、比出精彩，在深化作风建设、增强能力素质、提高效率效益等方面比学赶超、互学共进。

（三）统一行为规范

规范服务行为。建立健全红岩服务队行为规范及相关管理制度，规范队员日常工作行为，细化队员管理、工作管理、车辆管理、接待管理、言行规范等，提升服务的规范化水平。加强红岩服务队自身建设，以政治素质和专业能力为重点，加大教育培训力度，定期开展内部学习交流，不断提升队员服务意识和履职能力。

强化自我约束。红岩服务队成员牢记党的根本宗旨，继承和发扬党的优良传统作风，自觉遵守服务队公约，增强自律意识、恪尽职业操守，在攻坚克难、奉献社会中主动担当、主动负责、主动作为，切实把职责扛在肩上、把规范记在心中。

（四）统一品牌形象

规范标识应用。统一的品牌形象是打造具有红岩服务队特色的红色名片，提升社会认知度、知名度、美誉度的重要基础。以“国家电网红岩共产党员服务队”统一命名，并统一服务承诺、统一誓词、统一队旗队服、统一名片等。红岩服务队的名称、队旗、队服、名片按照公司规定执行，名片上统一印制 95598 客户服务电话。

加强品牌维护。健全舆情风险防范处置机制，建立风险应对预案，维护好红岩服务队品牌。加强正面宣传和舆论引导，丰富风险化解手段，主动沟通协调，杜绝由于服务不到位或沟通不畅产生的负面影响。因服务不规范、管理不严格等引发舆情或产生严重负面影响的，将撤销红岩服务队称号。

管理体系

为全面深化红岩服务队建设，强化纵向建制，优化横向协同，实现对红岩服务队各层级各专业的统筹管理，成立红岩服务队总队、分队、支队。

（一）总队

队长：国网重庆市电力公司党委书记

副队长：国网重庆市电力公司党委副书记、运检和营销分管领导

队员：国网重庆电力办公室、发展部、组织部、人资部、安保部、运检部、建设部、营销部、科信部、物资部、党建部、外联部、后勤部、调控中心、交易中心、工会办主要负责人

总队职责：全面落实国家电网公司党组和公司党委工作部署，负责红岩服务队的组织领导，制定深化红岩服务队建设意见、发展规划，组织开展专项行动、竞赛以及考核评价等工作。

（二）分队

1. 供电抢修分队

队长：国网重庆电力运检部主任

副队长：国网重庆电力安保部、建设部、营销部、物资部、党建部、调控中心负责人

队员：国网重庆电力运检部、安保部、建设部、物资部、党建部、调控中心相关人员

2. 营销服务分队

队长：国网重庆电力营销部主任

副队长：国网重庆电力发展部、运检部、党建部、交易中心负责人

队员：国网重庆电力营销部、发展部、运检部、党建部、交易中心相关人员

3. 综合服务分队

队长：国网重庆电力党建部主任

副队长：国网重庆电力办公室、发展部、组织部、人资部、科信部、物资部、外联部、后勤部、工会办

等部门负责人

队员：国网重庆电力办公室、发展部、组织部、人资部、科信部、物资部、党建部、外联部、后勤部、工会办等部门相关人员

分队职责：负责贯彻落实红岩服务队总队工作部署、实施意见和发展规划，制定红岩服务队服务标准体系和工作计划，落实专项行动、竞赛以及考核评价等相关工作。在承担急难险重任务中整合资源，集中专业力量，发挥统领指挥作用。

（三）支队

国网重庆电力各下级单位结合实际成立支队，明确分工，落实责任，对本单位红岩服务队进行直接管理。根据工作内容，可将红岩服务队划分为供电抢修、营销服务、综合服务三类，围绕政治服务、抢修服务、营销服务、志愿服务、增值服务五个方面内容，重点结合专业类别和业务特点开展工作。

1. 供电抢修支队

队长：本单位生产分管领导

副队长：本单位运检、安保、建设、物资、调控部门负责人

队员：本单位运检、安保、建设、物资、调控部门相关人员

2. 营销服务支队

队长：本单位营销分管领导

副队长：本单位营销、发展、运检部门负责人

队员：本单位营销、发展、运检部门相关人员

3. 综合服务支队

队长：本单位党委书记（副书记）

副队长：本单位办公室、人资、物资、党建等部门负责人

队员：本单位办公室、人资、物资、党建等部门相关人员

支队职责：在本单位党委领导下，贯彻落实红岩服务队总队、分队工作部署，落实红岩服务队建设实施意见、服务标准体系和工作计划，组织实施专项行动、劳动竞赛以及考核评价等工作，加强红岩服务队支队建设。直接管理相应类别红岩服务队。

红岩服务队商标

红岩服务队标识规范

（一）红岩服务队队服（营销服务和志愿服务）

（二）红岩服务队队服（政治服务、抢修服务和增值服务）

正面　　背面

（三）红岩服务队服务卡

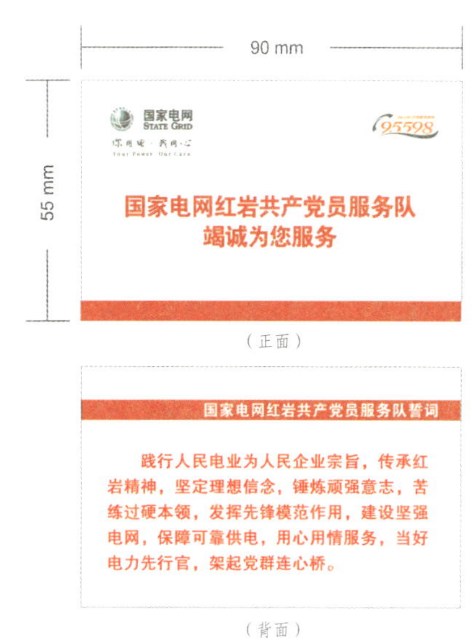

（正面）

（背面）

（四）红岩服务队展板

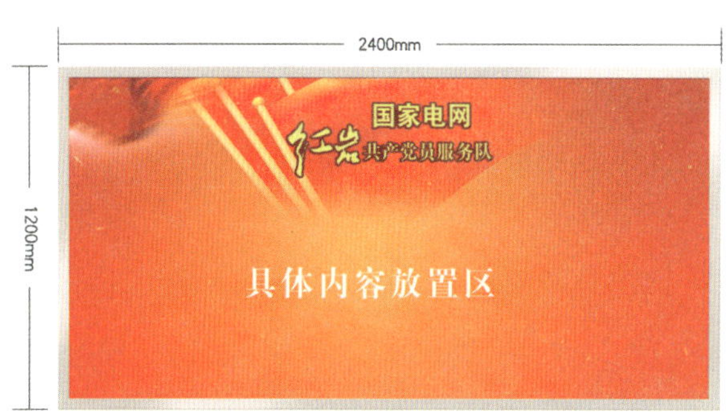

红岩服务队公约

第一条　不忘初心，牢记使命，践行人民电业为人民宗旨

第二条　忠诚履责，勇于担当，争当建设新时代电力铁军

第三条　民生为重，服务为本，做好经济社会发展先行官

第四条　有呼必应，有难必帮，架起党联系群众的连心桥

第五条　岗位建功，敬业奉献，树立为民服务的示范标杆

第六条　善小常为，用心关爱，传递国家电网的光明温暖

第七条　锤炼党性，严守纪律，打造坚强有力的战斗堡垒

第八条　砥砺品行，改进作风，引领向上向善的道德风尚

第九条　专业专注，持续改善，传承精益求精的工匠精神

第十条　自强不息，追求卓越，彰显责任央企的品牌形象

赓 续

——红岩共产党员服务队队歌

作词：李炼、叶鹏、梁星
作曲：龚昱溧
编曲：杨李亮

1=♭D $\frac{4}{4}$
激昂地

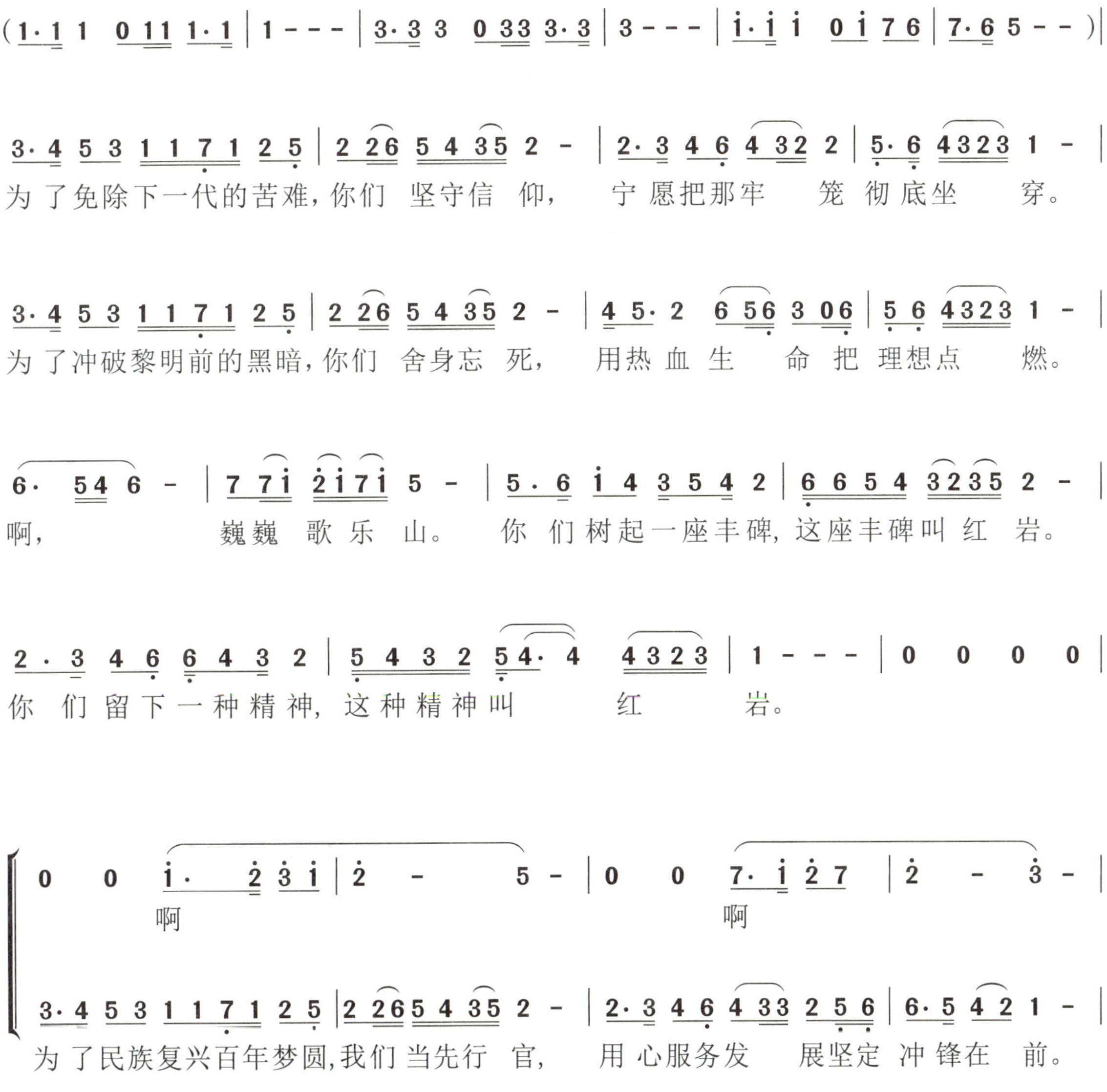

为了免除下一代的苦难，你们坚守信仰，宁愿把那牢笼彻底坐穿。

为了冲破黎明前的黑暗，你们舍身忘死，用热血生命把理想点燃。

啊，巍巍歌乐山。你们树起一座丰碑，这座丰碑叫红岩。

你们留下一种精神，这种精神叫红岩。

啊

啊

为了民族复兴百年梦圆，我们当先行官，用心服务发展坚定冲锋在前。

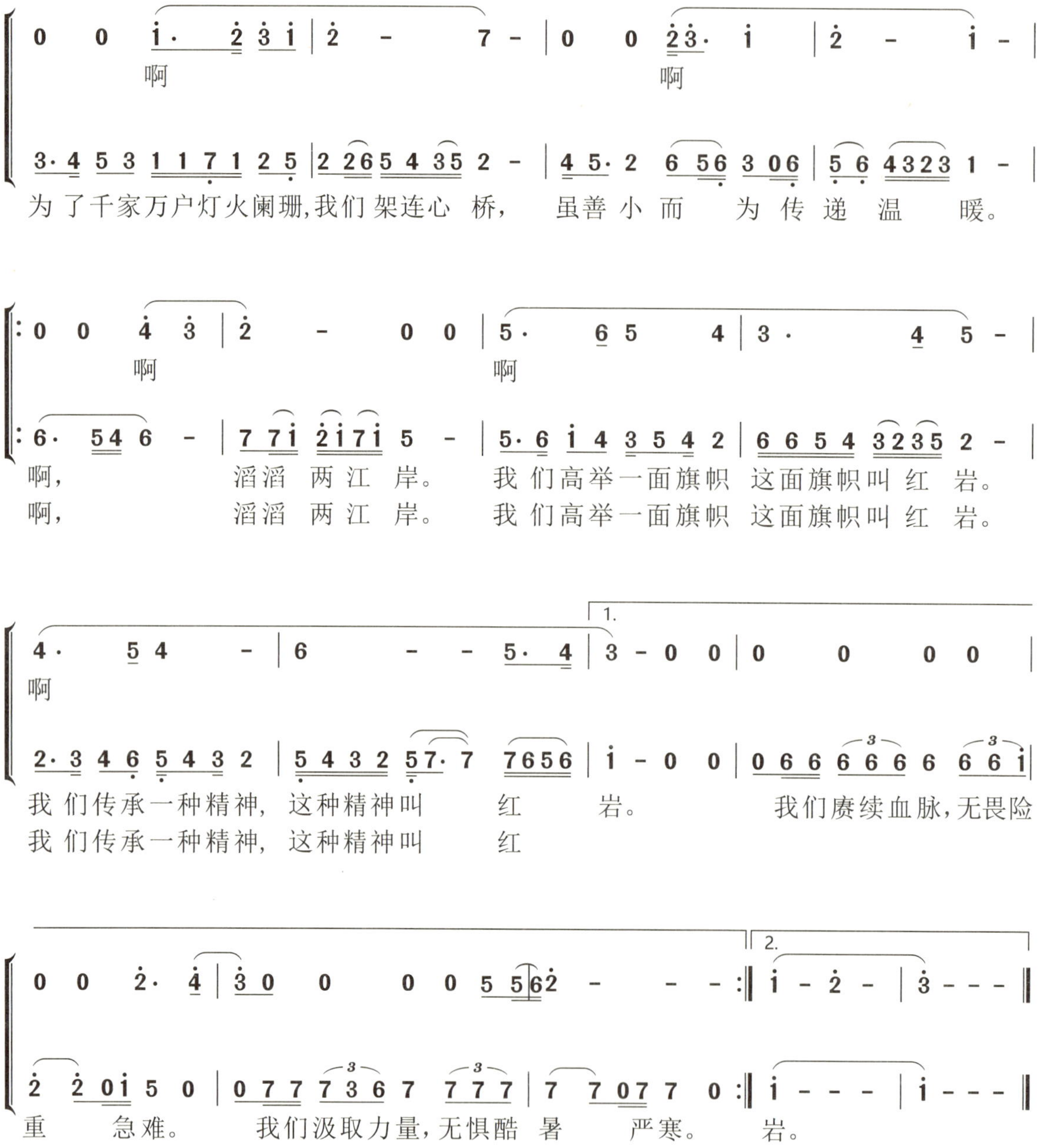

啊　　啊

为了千家万户灯火阑珊，我们架连心桥，虽善小而为传递温暖。

啊　　啊

啊，滔滔两江岸。我们高举一面旗帜这面旗帜叫红岩。
啊，滔滔两江岸。我们高举一面旗帜这面旗帜叫红岩。

啊

我们传承一种精神，这种精神叫红岩。我们赓续血脉，无畏险
我们传承一种精神，这种精神叫红

重急难。我们汲取力量，无惧酷暑严寒。岩。

后记

峥嵘十年初心路，开局新程再出发

党的十八大以来，习近平总书记高度重视国有企业改革发展和国有企业党的建设，强调“坚持建强国有企业基层党组织不放松，确保企业发展到哪里、党的建设就跟进到哪里、党支部的战斗堡垒作用就体现在哪里”[①]。作为推进全面从严治党向基层延伸的特色实践和履行央企“三大责任”的有效载体，国家电网红岩共产党员服务队成立十年来，始终把做好电力先行官作为责无旁贷的使命任务，把架起党群连心桥作为始终不渝的价值追求，坚持强基固本筑堡垒、急难险重显担当，建设发展成为一支全心全意为人民服务的电网铁军，让党的旗帜在基层阵地高高飘扬。

“十三五”期间，重庆电网发展取得长足进步，难点问题治理不断突破；电力体制改革纵深推进，电力市场活力显著增强；供区规范整合、电网规划落地、能源互联网发展等方面取得切实进展。累计完成固定资产投资416亿元，建成川渝断面第三输电通道和500千伏“两横三纵”骨干网架，外购电1299亿千瓦时（占“十三五”期间用电量24%，其中90%为清洁能源电量），为重庆发展提供可靠电力保障；提前1年完成新一轮农网改造升级，实现“村村通”动力电，农村户均配变容量提

①《习近平在全国国有企业党的建设工作会议上强调　坚持党对国有企业的领导不动摇　开创国有企业党的建设新局面》，人民网 http://cpc.people.com.cn/n1/2016/1012/c64094-28770427.html，发布日期：2016年10月12日。

升 73%，城市用户年均停电时间下降至 1 小时以内，居民用电获得感和满意度显著提升；落实国家减费降价政策，公司工商业平均到户价格降低 0.1686 元 / 度，降幅 21.54%，累计降低企业用电成本 198.75 亿元。红岩服务队的广大党员立足岗位，继承和发扬红岩精神，在安全稳定供电、提高服务质量中勇挑重担、干在前头，在助力经济发展、保障地方民生中践行“人民电业为人民”的初心使命。

时局日新，催人奋进。习近平总书记对重庆提出“两点”定位、“两地”“两高”目标和发挥“三个作用”要求，“一带一路”倡议、长江经济带、新时代西部大开发、成渝地区双城经济圈建设等国家战略在重庆叠加，独特的区位优势和发展潜力为重庆发展注入强大动力。新阶段新格局赋予新使命，宏观环境的变化给电网企业提出了新的任务和要求，重庆经济社会的快速发展和低碳转型对重庆电网“十四五”起步发展提出了诸多挑战。面对复杂的形势和严峻的挑战，国网重庆电力在国网公司党组和市委市政府的坚强领导和关心支持下，有信心在危机中育新机、于变局中开新局，承担好作为国有能源骨干企业的责任与使命。

面向“十四五”，国网重庆电力坚持党的领导这个根本不动摇，坚持做强做优做大这个战略方向不动摇，坚持引领能源清洁低碳转型这个使命责任不动摇，坚持科技自立自强这个战略支撑不动摇，坚持建设具有中国特色国际领先的能源互联网企业这个目标蓝图不动摇，统筹好政治、经济、社会“三大责任”，统筹好发展和安全“两件大事”，统筹好监管和非监管“两类业务”，统筹好管好和放活“两个取向”，更加注重保供电、保安全、保民生、保服务，助力重庆更好发挥“三个作用”。主动发力、率先行动，积极服务“双碳”目标，接续助力乡村振兴和新型城镇化建设，建成川渝交流、疆电入渝直流特高压工程，助力成渝地区双城经济圈建设，推动中央决策部署在重庆有效落实。

在庆祝中国共产党百年华诞的重大时刻，在全党集中开展党史学习教育之际，国网重庆电力将以习近平总书记视察国家电网共产党员服务队10周年为契机，坚持旗帜领航、着力强根铸魂，推动红岩服务队建设再深化，让电力铁军精神代代相传。不断提高为民服务质量和水平，全力做好供电保障工作，展现“顶梁柱，顶得住”的央企担当；做好抢修服务，提高作业效率，缩短停电时间，在事故抢修、应急抢险救援等工作中勇挑重担、发挥作用；做好营销服务，推进服务模式创新，满足客户多元化用能需求，提高人民群众用电用能的便捷性、满意度；做好志愿服务，深入企业、乡村、社区、学校、医院等推行便民利民举措，积极为人民群众排忧解难。让红岩服务队成为红岩精神的继承者、践行者、传播者，成为“山水之城、美丽之地”的建设者、维护者、展示者，让为民服务的星火在巴渝大地燎原。

2021年是我国开启全面建设社会主义现代化国家新征程、向第二个百年奋斗目标进军的开局之年。初心历久弥坚，新程气象蓬勃。站在“十四五”发展新起点，我们要更加紧密团结在以习近平同志为核心的党中央周围，谋划新发展、奋进新时代，传承红色基因、凝聚磅礴力量，为助力重庆高质量发展、点亮人民高品质生活作出新的更大贡献，为实现中华民族伟大复兴的中国梦而努力不懈奋斗。